Der verborgene Schatz Indiens

Für weitere Informationen
stehen Ihnen die folgenden
Zentren gerne zur Verfügung:

Sankirtan Allianz
Postfach 1172
55759 Birkenfeld
Deutschland
Tel./Fax: +49 (0)6782 5957
E-Mail: hkd@pamho.net
Internet: www.krishna.de

ISKCON Berlin
Kastanienallee 3
10435 Berlin
Deutschland
Tel.: +49 (0)30 4435 7296
Internet: www.krsna-is-cool.de

Sankirtan-Verein
Bergstr. 54
8030 Zürich
Schweiz
Tel.: +41 (0)1 262 37 90
Fax: +41 (0)1 262 31 14
E-Mail: sa-ve@pamho.net
Internet: www.sa-ve.ch

East of Eden Tempelshop
Gumpendorferstr. 71
1060 Wien
Österreich
Internet: www.harekrishna.at

www.krishna.com

ISBN 91-7149-438-3

Printed in China

Für Shrila Prabhupada,
der den verborgenen Schatz Indiens
zu den westlichen Gestaden brachte.

Und für Vrinda,
die Pratima
zu den gleichen Gestaden brachte.

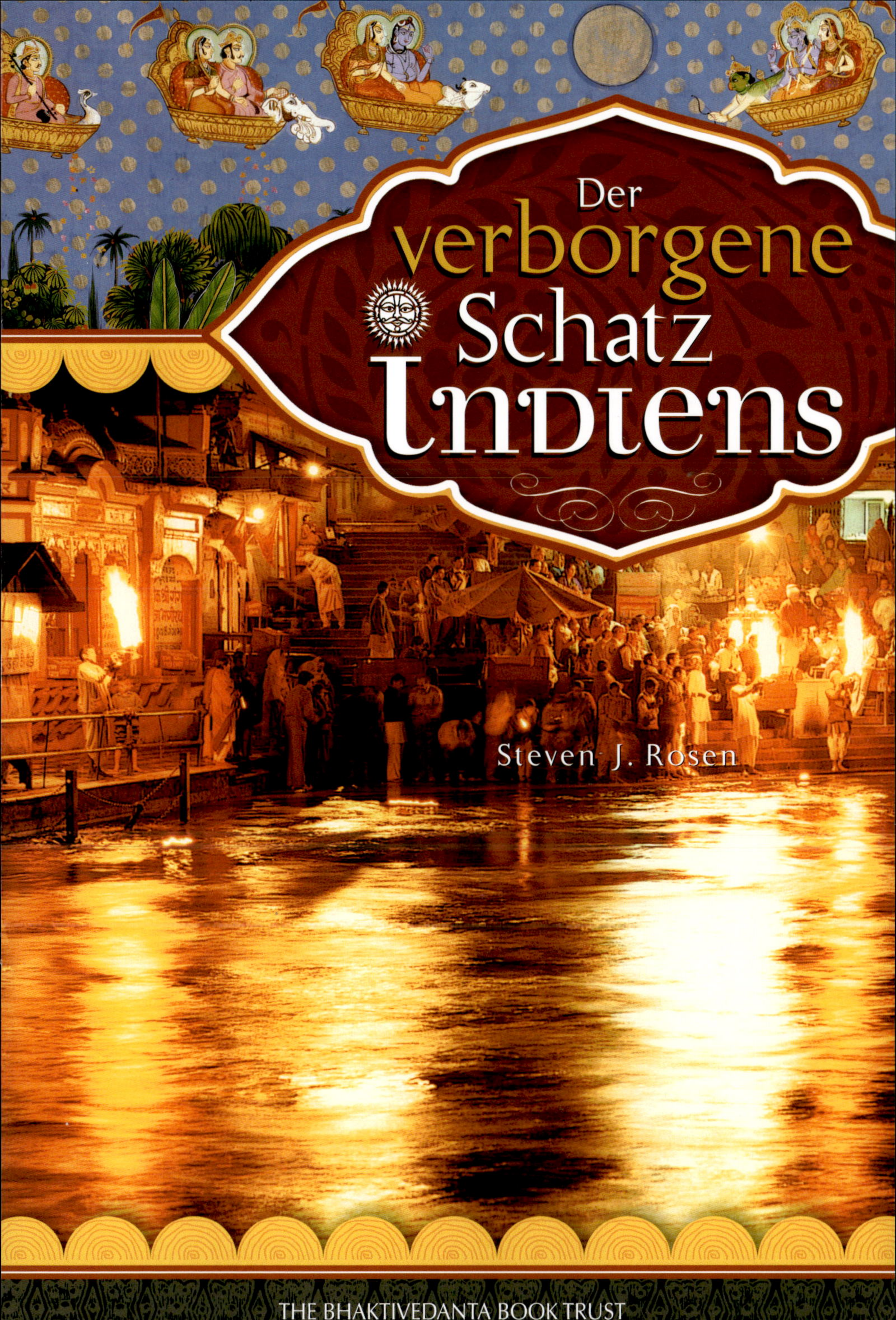
Der
verborgene
Schatz
Indiens
Steven J. Rosen
THE BHAKTIVEDANTA BOOK TRUST

Inhalt

Die geheime Inkarnation: 6

Heilige Stätten: 7

Kunst: 8

Devotees: 9

Lehren und Gebräuche: 10

Einleitung

In den fünfziger Jahren schrieb der österreichische Gelehrte Walther Eidlitz ein Buch mit dem Titel *Unknown India (Eine indische Odyssee)*. Darin geht es um seine Suche nach der Wahrheit und die Beziehung zu seinem Guru, Shri Maharaja, dem er in den dreißiger Jahren im Himalaya begegnete.

So weit nichts Ungewöhnliches: Ein westlicher Sucher findet einen indischen Lehrer und bekennt sich zu einer östlichen spirituellen Tradition. Aber damit ist die Geschichte nicht zu Ende. Die Jahre gehen dahin, und während des Zweiten Weltkriegs gerät Eidlitz in ein indisches Gefangenenlager, in dem er für fast sechs Jahre festsitzt. Während der Haft lernt er Sadananda kennen, einen deutschen Mitgefangenen in indischer Kleidung. Die beiden werden Freunde, und Sadananda macht Eidlitz mit dem Vishnuismus bekannt, der Verehrung Vishnus oder Krishnas. Sadananda war von Shrila Bhaktisiddhanta Sarasvati Thakur, einem gelehrten Sadhu aus Bengalen, in diese esoterische Tradition eingeweiht worden und hatte den Drang, sein Wissen anderen, insbesondere Walther Eidlitz, mitzuteilen. Eidlitz nannte diesen Missionsgeist später „aggressive grace" („Gnade im Angriff, kämpferische Gnade").

Sadanandas Wissen und Weisheit beeindruckten Eidlitz, und er fühlte sich in dem Wissen, das er einst von Shri Maharaja erhalten hatte, so sehr bestärkt, dass er Sadananda zu seinem neuen Guru erkor. Interessanterweise meint Eidlitz mit dem „unbekannten Indien" weder das exotische Land selbst noch die Lehren, die man normalerweise mit dem Begriff Hinduismus assoziiert; nein, für ihn liegt der verborgene Schatz Indiens im Vishnuismus.

Man mag sich allerdings fragen, warum der Vishnuismus überhaupt als etwas Unbekanntes, Verborgenes bezeichnet wird. Laut dem *Britannica Book of the Year* von 1996 gibt es weltweit über 800 Mio. Hindus. Davon sind 70% Vaishnavas, 25% Shivaiten (Shiva-Verehrer), 2% Neohindus oder reformierte Hindus unterschiedlicher Färbung, und der Rest gehört anderen Glaubensrichtungen an. Somit machen die Vaishnavas die mit Abstand größte Glaubensgruppe innerhalb des Hinduismus aus. Trotzdem wissen die meisten von uns im Westen mit dem Begriff „Vishnuismus" und dessen Tradition nicht viel anzufangen.

Diese Unbekanntheit des

Shrila Bhaktisiddhanta Sarasvati Thakur, Sadanandas Guru

Vishnuismus ist teilweise auf die Konferenz des Weltparlaments der Religionen (Chicago 1893) zurückzuführen, bei der Swami Vivekananda von der Ramakrishna Mission als Indiens Vertreter des Hinduismus fungierte. Bei jener Gelegenheit stellte Vivekananda der westlichen Welt nämlich einen Hinduismus vor, in dem eine Unzahl von Göttern angebetet wird und der letztlich dem Advaita Vedanta (einer unpersönlichen Weltsicht) zuzuordnen ist. Wäre damals anstatt Vivekananda ein Vaishnava zu diesem Treffen religiöser Repräsentanten eingeladen worden, hätten wir im Westen heute wohl ein recht unterschiedliches Verständnis vom Hinduismus.

Im Gegensatz zum „Hinduismus" Vivekanandas ist der Vishnuismus monotheistisch ausgerichtet und vertritt ein ausgesprochen persönliches Gottesbild. Krishna hat zwar Erweiterungen und Inkarnationen, aber Er ist und bleibt der eine Höchste Herr, der Vater allen Lebens und der Schöpfer des Kosmos.

Obgleich also der Vishnuismus nicht die bekannteste Form des Hinduismus darstellt, ist er eine der bedeutendsten religiösen Traditionen Indiens. Im Gegensatz zu vielen anderen Büchern, die sich mit Indien und östlicher Spiritualität befassen, werden wir in diesem Buch unser Hauptaugenmerk auf die Vaishnava-Tradition und ihre verschiedenen Ausrichtungen lenken, unter anderem auch auf die im Westen wohl bekannteste Gruppierung, die Internationale Gesellschaft für Krishna-Bewusstsein (ISKCON), die 1966 von His Divine Grace A.C. Bhaktivedanta Swami Prabhupada (von seinen Anhängern Shrila Prabhupada genannt) gegründet wurde. Übrigens wurde Prabhupada ebenfalls von Sadanandas Guru, Shrila Bhaktisiddhanta Sarasvati Gosvami, eingeweiht.

Die Leser dieses Buches haben wahrscheinlich schon öfters Bilder von Krishna, Shiva, Ganesh, Brahma usw. gesehen, aber diese Bilder bekommen jetzt eine neue Bedeutung. Sie werden aus der Sicht der Vaishnavas beschrieben werden.

Die Anhänger des Vishnuismus verstehen ihre eigene Religion als eine universale, nichtsektiererische, theistische Tradition.

Die ursprüngliche Bezeichnung für die Vaishnava-Tradition ist *sanatan-dharma*, „die ewige Religion" oder „die ewige Funktion der Seele". Für Vaishnavas ist *sanatan-dharma* eine universelle Wahrheit, die sowohl im Osten als auch im Westen zutrifft. Krishna wird zum Beispiel nicht als „indischer" Gott betrachtet, sondern als der gleiche Gott, der in der jüdisch-christlichen Tradition verehrt wird. Brahma, Shiva, Ganesh und die anderen Gottheiten können mit erhabenen Wesen wie den Engeln verglichen werden. Es ist diese allumfassende Vaishnava-Spiritualität, die dieses Buch vermitteln soll. Dabei wollen wir uns insbesondere mit der Tradition der Gaudiya-Vaishnavas befassen, der Lehre, die von Shri Chaitanya Mahaprabhu (1486–1533) verkündet wurde, der als Inkarnation Krishnas gilt.

Shri Chaitanya Mahaprabhu

SPIRITUELLES INDIEN

„Vor mindestens **zweieinhalb Jahrtausenden** hatte es [Indien] sich bereits einen Namen gemacht. Als Babylon mit Ninive rivalisierte; als Tyrus seine Kolonien gründete; als Athen an Einfluss gewann; noch bevor Rom bekannt wurde; bevor sich Griechenland mit Persien maß; bevor Kyros der persischen Monarchie Glanz verlieh und bevor Nebukadnezar Jerusalem eroberte, … erblühte dort eine hochrangige, wenn nicht gar ruhmreiche Zivilisation.“ — *M. A. Sherring (1868)*

Spiritualität durchdringt alle Aspekte der indischen Kultur: vom Familienleben über gesellschaftliche Sitten und Strukturen bis hin zu zahlreichen bedeutenden politischen Bewegungen. Für den Durchschnittsinder ist Religion ein Ausdruck universaler Wahrheit, der dem tiefen Empfinden der Seele entspringt. Indische Religion ist so allumfassend, dass ihre Anhänger sich stärker damit beschäftigen und identifizieren als die Anhänger westlicher Religionen mit ihrer jeweiligen Tradition. Peter Occhiogrosso, Bestseller-Autor und vergleichender Religionswissenschaftler, schreibt dazu:

„In keiner Studie über Weltreligionen sollte eine gesonderte Behandlung Indiens fehlen. Laut einer unlängst erhobenen Gallup-Umfrage gibt es kein Land mit einer höheren Prozentzahl von Menschen, die die Bedeutung von Religion für ihr Leben als ‚sehr wichtig' einstufen. (An zweiter Stelle liegen die USA.) Von Indiens rund 800 Millionen Einwohnern sind 680 Millionen (über 80 Prozent) Hindus. Die Historiker sind sich einig, dass die ältesten uns bekannten Zivilisationen, die schriftliche Zeugnisse hinterlassen haben, etwa gleichzeitig in Mesopotamien und im nordindischen Industal existierten. Da wir aber keine Belege für eine mystische Religion in Sumer haben, wie sie für die Indusregion vorliegen, müssen wir davon ausgehen, dass die ältesten schriftlich niedergelegten mystischen Lehren der Welt aus Indien kommen.“[1]

Indiens zeitlose spirituelle Lehren haben auf Millionen von Menschen immer wieder ihren Reiz ausgeübt: angefangen von spirituellen Suchern, die durch den schneebedeckten Himalaya ziehen, bis hin zu besitzlosen Asketen, die am idyllischen Gangesufer meditieren.

Anmerkungen

1. *Peter Occhiogrosso:* The Joy of Sects: A Spirited Guide to the World's Religious Traditions, *Doubleday, New York, S. 1.*

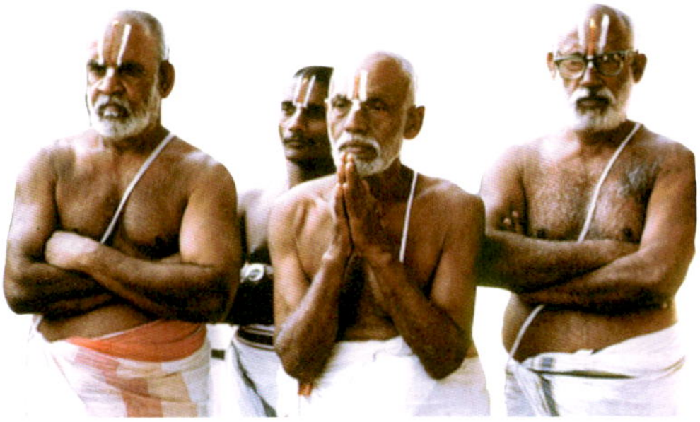

Religion in Indien

Die große Mehrheit der indischen Bevölkerung sind Hindus (eine Fehlbezeichnung; siehe folgende Doppelseite). Der Hinduismus wird manchmal ein „Museum der Religionen" genannt. Das ist eine Anspielung auf die vielen unterschiedlichen Traditionen innerhalb des Hinduismus: die Verehrung Vishnus (Vishnuismus), die Verehrung der Muttergöttin (Shaktismus) und die Verehrung Shivas (Shivaismus) sowie zahlreiche untergeordnete Kulte und regionale Sekten.

All diese Religionen haben ihren Ursprung in Indien, was auch für die folgenden, jüngeren Traditionen gilt: den Buddhismus, den Jainismus und den Sikhismus (die beiden erstgenannten sind 2500 Jahre alt, während der Sikhismus im 15. Jahrhundert entstand). Im Buddhismus und im Jainismus geht es hauptsächlich um moralische und ethische Grundsätze, insbesondere um *ahimsa*, Gewaltlosigkeit gegenüber allen Lebewesen. Der Sikhismus ist eine interessante Mischung hinduistischen und islamischen Glaubensguts. In Indien gibt es rund sechs Millionen Buddhisten, drei Millionen Jainas und sechzehn Millionen Sikhs.

Indiens „Adoptivreligionen" – Zoroastrismus, Islam, Christentum und Judentum – tragen ebenfalls zum religiösen Klima des Landes bei. Der Zoroastrismus, die Religion der Parsen, wurde vom altiranischen Propheten Zarathustra gegründet. Ein wesentliches Element seiner Lehren ist der Kampf zwischen Gut und Böse. Heute gibt es in Indien rund 85 000 Parsen.

Im zwölften Jahrhundert fielen islamische Eroberer in Indien ein und verbreiteten ihren Einfluss. Für lange Zeit beherrschten sie den Subkontinent. Heute machen die Muslime 11% der indischen Bevölkerung aus und sind damit die stärkste Minderheitsreligion des Landes.

Früher glaubte man, das Christentum sei im Jahre 52 mit dem Apostel Thomas nach Indien gekommen. In akademischen Kreisen hat sich jedoch mittlerweile die Ansicht durchgesetzt, dass der syrische Kaufmann Thomas von Cana die christliche Religion im vierten Jahrhundert nach Indien brachte. Er siedelte sich damals mit 400 Familien in Kerala an und gründete dort die Syrisch-Orthodoxe Kirche Indiens. Zurzeit gibt es in Indien etwa 18 Millionen Christen, von denen die meisten den Süden des Landes bewohnen. Die jüdischen Gemeinden machen mit insgesamt etwa 25 000 Mitgliedern einen weniger bedeutenden Anteil der Bevölkerung Indiens aus. Sie verteilen sich hauptsächlich auf die Gebiete, in denen Marathi und Malayalam gesprochen wird.

Nächtliche religiöse Feier am Ufer der Manasi-ganga in Govardhan, Uttar Pradesh

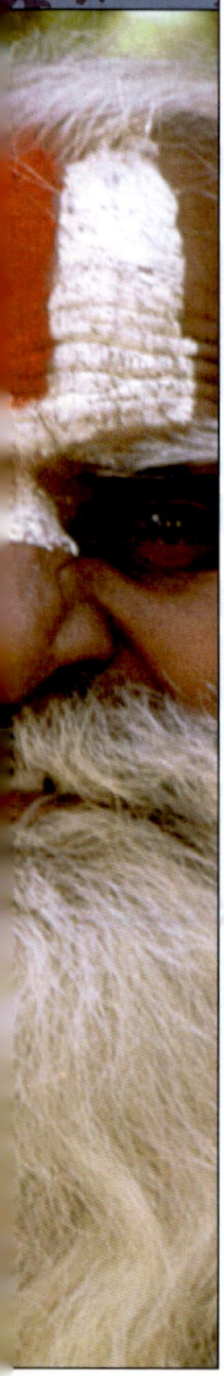

„Hinduismus“

Es ist bemerkenswert, dass das Wort „Hindu“ in der gesamten klassischen Literatur Indiens nicht ein einziges Mal vorkommt. Sein Ursprung ist weder in den alten Sprachen Indiens, wie Sanskrit oder Tamil, noch sonst irgendwo in Indien selbst zu belegen. Dennoch wird es immer wieder benutzt, und Traditionen von so unterschiedlicher Ausprägung wie Shivaismus, Jainismus, Shaktismus und Vishnuismus werden unter dem Sammelbegriff „Hinduismus“ zusammengefasst. Dieser Begriff ist aber stark vereinfachend und letztlich unzutreffend.

His Divine Grace A. C. Bhaktivedanta Swami Prabhupada, Gründer und spiritueller Lehrer der Hare-Krishna-Bewegung, schreibt dazu:

„Das Wort ‚Hindu‘ ist weder in der Gita anzutreffen noch sonst irgendwo in der vedischen Literatur. Es wurde von den Moslems geprägt, die in Nachbarländern Indiens wie Afghanistan, Belutschistan und Persien lebten. Die Nordwestgrenze Indiens wird von einem Fluss gebildet, dem Sindhu. Weil die dort ansässigen Moslems das Wort ‚Sindhu‘ nicht richtig aussprechen konnten, nannten sie den Fluss stattdessen ‚Hindu‘. Die Bewohner des jenseitigen Ufers waren für sie folglich ‚Hindus‘.“[1]

Mit dieser Erklärung des Wortes „Hindu“ steht Prabhupada nicht allein da; sie ist in akademischen Kreisen durchaus üblich. So schreibt zum Beispiel Pandit Rajmani Tigunait in *Seven Systems of Indian Philosophy*:

„Der heute gängige Gebrauch des Begriffs Hinduismus entspricht nicht seiner ursprünglichen Bedeutung. Als Alexander der Große um das Jahr 325 v. Chr. in den indischen Subkontinent vordrang, überquerte er den Fluss Sindhu und gab ihm einen neuen Namen – Indus. Dieses Wort war für die griechische Zunge leichter auszusprechen. Demzufolge nannten Alexanders makedonische Truppen das Land östlich des Flusses fortan Indien. Später nannten die moslemischen Eroberer den gleichen Fluss ‚Hindu‘, denn in ihrer Sprache (Persisch) wandelt sich der Sanskritkonsonant s zu h. So wurde für die Invasoren der Sindhu zum Hindu, und das Land östlich des Flusses nannten sie Hindustan.“[2]

Diese Auffassung teilt auch der Geschichtswissenschaftler C. J. Fuller, der erklärt, dass das Wort „Hindu“ ursprünglich eine geographische und nicht eine kulturelle oder religiöse Bedeutung trug. Außerdem weist er darauf hin, dass dieser Begriff es leichter machte, die Moslems vom Rest der indischen Bevölkerung zu unterscheiden:

„Das persische Wort ‚Hindu‘ leitet sich von

'Sindhu' her, dem Sanskritnamen des Flusses Indus (im heutigen Pakistan). Ursprünglich war damit ein gebürtiger Einwohner Indiens gemeint, des Landes jenseits des Indus. Auch bei der Einführung des Wortes 'Hindu' (bzw. 'Hindoo') in die englische Sprache (im siebzehnten Jahrhundert) bezeichnete es zunächst einen gebürtigen Einwohner Hindustans (Indiens), doch allmählich wurden all diejenigen 'Hindus' genannt, die ihre angestammte Religion beibehalten und sich nicht zum Islam bekehrt hatten. Der Begriff 'Hinduismus' bürgerte sich dann im Englischen zu Beginn des neunzehnten Jahrhunderts als kollektive Bezeichnung für die einheimischen Religionen Indiens ein. Damit wurde ein 'Ismus' geboren, der teilweise ein geistiges Kind westlicher Orientalisten war. Ihr (Fehl-)Konstrukt 'Hinduismus' war den abendländischen Religionen, insbesondere dem Christentum, nachempfunden. Mit anderen Worten, der Hinduismus wurde als ein geschlossenes System religiöser Doktrinen, Glaubensinhalte und Übungen konzipiert, wie wir es vom Christentum her kennen, und das Wort 'Hindu' bezeichnete künftig eindeutig die religiöse Zugehörigkeit eines Inders."[3]

Der Gebrauch des Sammelbegriffs „Hinduismus" für die Vielfalt der Religionen Indiens kommt einer sprachlichen Gleichschaltung der zahlreichen religiösen Richtungen innerhalb der westlichen Traditionen gleich – etwa als wollte man mit dem Begriff „Semitismus" (der wie das Wort „Hinduismus" lediglich eine geographische Bedeutung hat) Judentum, Christentum, Islam etc. unter einen Hut bringen. Genauso wie der Begriff Semitismus zu grob und zu verallgemeinernd ist, um damit die vielschichtigen religiösen Richtungen der großen abendländischen Traditionen treffend zusammenzufassen, und wie es falsch wäre, all diese Traditionen als eine einzige Religion zu bezeichnen, so ist auch der Begriff Hinduismus unangemessen und irreführend.

Folglich bringt das Wort „Hinduismus" noch mehr Probleme mit sich als „Hindu", weil dabei die Existenz einer indischen Einheitsreligion vorausgesetzt wird, deren Ausformungen sich bequem auf einen Nenner bringen lassen. Angesichts der religiösen Vielfalt, die man heute in Indien vorfindet, wie z.B. Vishnuismus und Shivaismus, ist ein solcher Sammelbegriff schwerlich angebracht.

Anmerkungen

1. *A. C. Bhaktivedanta Swami Prabhupada: „Krishna-Bewusstsein: Hindu-Kult oder göttliche Kultur?" in* Die Schönheit des Selbst, *Stockholm, The Bhaktivedanta Book Trust, 1998, S. 132–133.*
2. *Pandit Rajmani Tigunait:* Seven Systems of Indian Philosophy, *Honesdale, Pennsylvania, The Himalayan International Institute of Yoga, 1983, S. 4–5.*
3. *C. J. Fuller:* The Camphor Flame: Popular Hinduism and Society in India, *Princeton University Press, 1992, S. 10.*

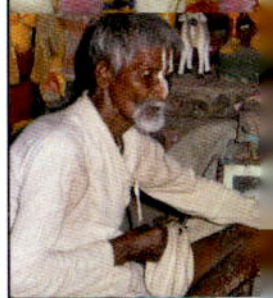

„Eine besondere Funktion heiliger Schriften ist ihre Inspirationskraft. Das Lesen religiöser Bücher ist eine äußerst wirksame Übung, denn es macht uns nicht nur zu gebildeteren und besseren Menschen, sondern erweckt auch unsere spirituelle Inbrunst. Die Schriften entfachen in uns das Feuer der Hingabe, ermutigen uns, unsere Bemühungen zu vertiefen, und verleihen uns hin und wieder ein Gefühl göttlicher Gegenwart. Über die Taten Krishnas zu lesen kann spirituell so erfrischend sein, dass man das Tor zur Befreiung sich bereits öffnen sieht. Wer über eine Textstelle in den Upanishaden tief genug nachsinnt, wird spüren, wie die Brahman-Erkenntnis in greifbare Nähe rückt. Heilige Schriften sind ein Antriebsmittel, das unsere spirituelle Reise auf stetem Kurs hält."

—Barbara Powell
University of Chicago Divinity School

HEILIGE SCHRIFTEN

1

Die Vedischen Schriften

In der indischen Tradition wird die esoterische Weisheit des Universums Veda genannt. Dieses Wort geht auf die Sanskritwurzel *vid* zurück, zu Deutsch „wissen“. Das deutsche Wort Weisheit ist auch mit dieser Wurzel verwandt. Weitere Ableitungen findet man beispielsweise im Englischen *(wit)*, im Russischen *(vid)*, im Griechischen *(idea)* und im Lateinischen (*videre;* denn ein Wissender ist jemand, der die Wahrheit „gesehen“ hat). Die heiligen Schriften Indiens, die die Essenz des vedischen Wissens enthalten, werden Veden genannt.

Gemäß der Vaishnava-Tradition gehen die Veden vom Höchsten Herrn selbst aus. Das vedische Wissen wird sorgsam von Meister zu Schüler weitergereicht. Dieses System nennt man *parampara*, Schülernachfolge. Die einzelnen Schulen, von denen das vedische Wissen übermittelt wird, heißen *sampradayas.* Auf diese Weise gedachten die vedischen Propheten die mündliche Tradition intakt zu halten. Das ordnungsgemäße Weiterreichen der Botschaft in der Schülernachfolge sollte die Veden vor Unvollkommenheiten und Verfälschungen bewahren – Problemen, die weltlicher Literatur unweigerlich anhaften.

Das vedische Wissen wurde vom Höchsten Herrn an den Schöpfergott Brahma übermittelt, der es seinem Geweihten und Schüler Narada mitteilte. Von Narada kam das Wissen zu Vyasa, der es, vor etwa 5000 Jahren, zum Nutzen des modernen Menschen schriftlich niederlegte. (Laut den vedischen Schriften waren die Menschen davor mit einem hervorragenden Gedächtnis ausgestattet, was eine schriftliche Tradition unnötig machte.)

Die Urfassung der Veden war ein ungeteiltes Werk von gewaltigem Umfang. Um dieses Wissen zugänglicher zu machen, teilte Vyasa es in vier Bücher auf, die so genannten Samhitas. Dies sind der *Rig Veda* (die frühesten heiligen Hymnen der Veden), der *Sama Veda* (der Veda der Melodien), der *Yajur Veda* (der Veda der Rituale) und der *Atharva Veda* (der Veda der Beschwörungen). Zur vedischen Literatur zählen weiterhin die Brahmanas (Abhandlungen, die sich mit den Förmlichkeiten von Opferungen befassen) und die Aranyakas (Schriften für Asketen, die sich in die Wildnis begeben, um Gelübde zu erfüllen).

Hinzu kommt der beträchtliche Wissensschatz der Upanishaden – philosophische Texte, die vedische

Begriffe und Ideen erläutern. Dann wären da noch die zahlreichen Sutren (Wissen in konzentrierter Form), wie die *Shrauta-sutras,* die *Dharma-sutras,* die *Grihya-sutras* und die *Shulba-sutras.* Die Vedangas (ergänzende Schriften, die sich mit vedischen Wissenschaften befassen) sind ebenfalls bemerkenswert: *shiksha* (Phonetik), *chandas* (Versmaß), *vyakarana* (Grammatik), *nirukta* (Etymologie) und *jyotish* (Astronomie/Astrologie); nicht zu vergessen die Upavedas (Wissenschaften, die nur am Rande mit dem Studium der Veden zu tun haben): *Ayurveda* (ganzheitliche Medizin), *Gandharva-Veda* (Musik und Tanz), *Dhanur-Veda* (Kriegskunst) und *Sthapatya-Veda* (Architektur). Von großer theologischer Bedeutung sind die Puranas (wie das *Bhagavat Purana*) sowie die Epen *Mahabharata* (worin die *Bhagavad-gita* enthalten ist) und *Ramayana.* Auch die umfangreichen Werke der *acharyas* („erleuchtete Lehrer") sollten der vedischen Literatur zugerechnet werden, denn sie verdeutlichen die Essenz der vorangegangenen vedischen Schriften.

Die Verse in allen diesen vedischen Schriften richten sich nach strengen Regeln für Poesie und Versmaß und enthalten Informationen über die verschiedensten Themen: von Medizin und Landwirtschaft über eine Beschreibung der Zeitrechnung auf den höheren und niederen Planeten bis hin zu Yoga- und Meditationstechniken, praktischen Tipps für den Haushalt und vegetarischen Rezepten. Es gibt dort ausführliche Beschreibungen des staatlichen Verwaltungsapparats sowie meisterhafte Richtlinien für den Bau und das Schmücken von Tempeln und Wohnhäusern. Außerdem geht es in den Veden um Schauspielkunst, Geschichte und Philosophie, um soziale und militärische Etikette und um den Gebrauch von Musikinstrumenten. Am bemerkenswertesten aber ist, dass in der vedischen Literatur sowohl *rasa* („die Beziehung zu Gott" oder auch „die intensive Freude, die aus der Beziehung mit dem Höchsten erwächst") als auch *bhakti* („hingebungsvolle Liebe") auf detaillierte, wissenschaftliche Weise beschrieben werden.

ÜBERSICHT ÜBER DIE VEDISCHEN SCHRIFTEN

1. **Shruti** (offenbarte Schriften; „das, was gehört wurde"):
   - die vier vedischen Samhitas: *Rig, Sama, Yajur* und *Atharva*
   - Brahmanas
   - Aranyakas
   - Upanishaden

2. **Smriti** (Tradition; „Erinnerung")
   - Itihasa (Epen), z.B. das *Ramayana* und das *Mahabharata* (worin die *Bhagavad-gita* enthalten ist)
   - Puranas, z.B. die achtzehn Mahapuranas:
     Sechs sattvische Puranas:
     Vishnu Purana
     Naradiya Purana
     Bhagavat Purana
     Garuda Purana
     Padma Purana
     Varaha Purana
     Sechs rajasische Puranas:
     Brahma Purana
     Brahmanda Purana
     Brahma-vaivarta Purana
     Markandeya Purana
     Bhavishya Purana
     Vamana Purana
     Sechs tamasische Puranas:
     Matsya Purana
     Kurma Purana
     Linga Purana
     Shiva Purana
     Skanda Purana
     Agni Purana
   - Achtzehn Upapuranas und zahlreiche *sthala* (regionale) Puranas
   - Versfassungen der *Dharma-sutras: Manu-smriti, Vishnu-smriti* etc.

3. **Sutras** (Aphorismen)
   - *Shrauta-sutras, Grihya-sutras, Dharma-sutras, Shulba-sutras, Vedanta-sutras* usw.

4. Weitere literarische Gattungen sind die Vedangas, die Upavedas sowie die Schriften und Kommentare, die im Laufe der Geschichte von den großen *acharyas* verfasst wurden.

DAS SHRIMAD BHAGAVATAM

Das *Shrimad Bhagavatam* (auch *Bhagavat Purana* oder einfach *Bhagavat* genannt) wird oft als die Bibel der Vaishnavas bezeichnet. Es ist ein umfassendes enzyklopädisches Werk mit einem weiten Wissensspektrum, das von Geschichte und Psychologie über Kosmologie und Metaphysik bis hin zu Theologie reicht. Ralph Waldo Emerson, der bekannte amerikanische Transzendentalist des neunzehnten Jahrhunderts, pries das *Bhagavatam* einmal als ein Buch, das man „auf den Knien" lesen müsse.

Nach den Lehren der Vaishnavas wurde die tiefsinnige Offenbarung des *Bhagavatam* zu Beginn der Schöpfung von Gott an Brahma, das erste Geschöpf

dieser Welt, übermittelt. Brahma gab die Essenz dieses Wissens an Narada weiter, und Narada lehrte es Vyasa, den Verfasser der vedischen Schriften. Vyasas Stellung in dieser historischen Kette des Urwissens ist bedeutsam. Es heißt, er habe die ewige Weisheit des Veda vierfach unterteilt. Darauf fasste er die Essenz des vedischen Wissens in den knappen Lehrsätzen des *Vedanta-sutra* zusammen.

Dennoch war Vyasa nicht zufrieden – bei all seinem Aufteilen und Zusammenfassen des vedischen Wissens hatte er es versäumt, den persönlichen Aspekt der Absoluten Wahrheit zu beleuchten. Dieser Mangel wurde von Narada, Vyasas spirituellem Meister, bestätigt, der ihn darauf hinwies, dass er (Vyasa) nur dann zufrieden sein könne, wenn er direkt den Namen, die Gestalt und die Taten Krishnas, des Höchsten Herrn, beschreibe. Vyasa befolgte diesen Rat seines Gurus und schrieb das *Shrimad Bhagavatam* nieder – die „reife Frucht am Baum des vedischen Wissens", das „erlesenste aller Bücher", das „makellose Purana" – als einen natürlichen Kommentar zum *Vedanta-sutra*.

Es gab drei aufeinander folgende Gelegenheiten, bei denen das *Bhagavatam* nacherzählt wurde, was seine Köstlichkeit jedes Mal noch steigerte. Das erste Mal geschah dies in Badarikashrama, hoch oben im

Himalaya. Vyasa war der Sprecher und sein Sohn Shukadeva der Zuhörer. Beim zweiten Mal war Shukadeva der Sprecher. Er trug seine erweiterte Fassung Maharaja Parikshit vor, einem großen König, der aufgrund eines Fluches nur noch sieben Tage zu leben hatte. Das dritte Mal schließlich wurde das *Bhagavatam* im Walde von Naimisharanya vorgetragen (am Ufer des Gomati, nahe der heutigen Stadt Nimsar in Uttar Pradesh). Dort hatten sich unter der Führung von Shaunaka Rishi 60 000 Weise versammelt, um das Wissen des *Bhagavatam* aus dem Munde Suta Gosvamis zu hören, eines Weisen, der dabei gewesen war, als Shukadeva das *Bhagavatam* Maharaja Parikshit offenbart hatte. Die Fassung des *Bhagavatam*, die wir heute kennen, ist die Summe der oben genannten drei Offenbarungen.

Kein anderes Purana ist in so vielen Versionen zusammengefasst und so ausgiebig kommentiert worden. Neben Shridhara Swami, einem der wichtigsten Kommentatoren, schrieb auch Viraraghava Swami einen bedeutenden Kommentar.

Sanatan Gosvami, einer der herausragendsten Anhänger Chaitanyas, soll das *Bhagavatam* studiert haben, bevor er seinem Meister begegnete. Nachdem er jedoch in dem heiligen Text persönlich von Mahaprabhu unterwiesen worden war, schrieb er eines seiner bemerkenswertesten Werke: das *Brihad-bhagavatamrita*, eine Zusammenfassung des gesamten *Bhagavatam* in Form einer Geschichte. Rupa Gosvami und Jiva Gosvami, Sanatans berühmte Nachfolger, verfassten weitere Werke über das *Bhagavatam.* In jüngster Vergangenheit hat A.C. Bhaktivedanta Swami Prabhupada durch seinen ausführlichen Kommentar das *Bhagavatam* der modernen Welt zugänglich gemacht.

Das Shrimad Bhagavatam

Die Themen des Bhagavatam

Gleich zu Beginn des *Bhagavatam* wird dessen einzigartiges Wesen hervorgehoben. *Dharma projjhita-kaitavo 'tra:* „Jegliche mit selbstischen Motiven vermischte Religiosität wird hierin zurückgewiesen.“ (1.1.2) „Selbstische Motive“ sind nach Aussage der Kommentatoren das Streben nach *kama* (grob- und feinstoffliche Sinnenbefriedigung), *artha* (Reichtum), *dharma* (weltliche Religiosität) und *moksha* (Befreiung). Somit erklärt das *Bhagavatam,* dass wahre Religion, die sich um *bhakti* (Hingabe zu Krishna) dreht, über weltliche Ziele hinausgeht. Das *Bhagavatam* befasst sich ausschließlich mit dem höchsten Ziel des Lebens: Liebe zu Gott.

Die grundlegenden Themen des *Bhagavatam* sind *sambandha* (die Beziehung des Menschen zu Gott), *abhideya* (der Vorgang, die Vollkommenheit dieser Beziehung zu erwecken) und *prayojana* (das Ziel dieser Beziehung). Das *Bhagavatam* beleuchtet diese Themen durch eine komplexe Offenbarung, die eng mit den zehn Themen des *Bhagavatam* verwoben ist: **1.** *sarga,* die Urschöpfung, bei der Erde, Wasser, Feuer, Luft und Äther sowie die Gesamtheit der materiellen Energie (die kosmische Gestalt Gottes) ins Dasein treten; **2.** *visarga,* die sekundäre Schöpfung, das Werk Brahmas, des ersterschaffenen Lebewesens; **3.** *sthana,* die Art und Weise, wie der Herr das Universum mit Seinen vielfältigen Energien erhält; **4.** *poshana,* die wechselseitige Beziehung zwischen Gott und Seinem Geweihten sowie Übungen, die diese Beziehung fördern; **5.** *uti,* eine Beschreibung der Verlangen der bedingten Seele nach materiellen Handlungen; **6.** *manvantara,* die Richtlinien der offenbarten Schriften für die Lebewesen dieser Welt; **7.** *ishanukatha,* worin unter anderem ausführliche Informationen über Gott und Seine verschiedenen Formen enthalten sind; **8.** *nirodha,* die Auflösung aller Energien in der Schöpfung (Gottes Kräfte werden mit besonderem Augenmerk auf die Zerstörung des materiellen Universums beschrieben); **9.** *mukti,* die verschiedenen Arten der Erlösung, angefangen von dem Nachlassen aller materiellen Leiden bis hin zur Vollkommenheit der Liebe Gottes; **10.** *ashraya,* das höchste Ziel des Wissens, die Transzendenz; beinhaltet eine vollständige Beschreibung Gottes, wobei die Taten Krishnas den absoluten Höhepunkt des *Bhagavatam* bilden.

Das Mahabharata

Das *Mahabharata* ist ein Epos enormen Umfangs. Es ist in Indien zur Grundlage von Mythos, Religion und Philosophie geworden. Mit seinen 110 000 Sanskritverspaaren ist es siebenmal so lang wie die *Ilias* und die *Odyssee* zusammengenommen oder dreimal so lang wie die jüdisch-christliche Bibel. Viele räumen dem *Mahabharata* die gleiche Autorität wie den Veden ein, und in der Tat ist es als der „fünfte Veda“ bekannt. Für Vaishnavas ist es *itihasa*, „Geschichtsschreibung“.

Auf den Seiten des *Mahabharata* kommt eine Unmenge von Themen zur Sprache, aber die Haupthandlung dreht sich um einen langwierigen Zwist zwischen den Pandavas und den Kauravas, zwei Gruppen von Brüdern, die zueinander in Vetternverwandtschaft stehen. Schließlich eskaliert der Zwist zu einem ausgewachsenen Bürgerkrieg, in den Götter und Menschen, Asketen mit magischen Kräften, Gauner, Brahmanen sowie Fürsten und Könige verwickelt werden. Am Ende droht der Untergang des gesamten Universums.

Es gibt drei traditionelle Arten, das *Mahabharata* zu interpretieren. Äußerlich gesehen ist es die Geschichte einer bestimmten Königsfamilie, in der sich ein blutiger Bruderkrieg entspinnt. Selbst auf dieser scheinbar oberflächlichen Betrachtungsebene erklärt das *Mahabharata* erhabene Eigenschaften wie Heldentum, Tapferkeit und Heiligkeit. Auf der ethischen Ebene steht der Krieg für den ewigen Konflikt, der im täglichen Leben stattfindet zwischen Gut und Böse, Recht und Unrecht, richtig und falsch – letztlich zwischen *dharma* und *adharma*.

Spirituell gesehen schließlich geht es im *Mahabharata* um den Kampf zwischen dem höheren und dem niederen Selbst, zwischen spiritueller Berufung und dem Diktat von Körper, Geist und Sinnen. Nach der Vaishnava-Tradition umfasst das *Mahabharata* alle drei Realitätsebenen und bietet für jede von ihnen Führung an.

Shri Krishna, der göttliche Wagenlenker, unterweist Seinen Schüler und Geweihten Arjuna

Die Bhagavad Gita

Gita bedeutet „Lied“, und *bhagavad* bezieht sich auf „Gott, den Besitzer *(vat)* allen Reichtums *(bhaga)*“. Folglich ist die *Bhagavad-gita* „das Lied des Besitzers allen Reichtums“; sie verkörpert die Lehren Shri Krishnas.

Das Werk hat die Form eines Zwiegesprächs zwischen Shri Krishna und dem königlichen Krieger Arjuna, das direkt vor Beginn der vernichtenden *Mahabharata*-Schlacht stattfindet.

Arjuna beschließt, nicht am Kampf teilzunehmen, womit er seine Pflicht als *kshatriya* (Krieger) außer Acht lässt. Diese Entscheidung beruht auf persönlichen Motiven: Seine Verwandten und Lehrer stehen ihm in der feindlichen Armee gegenüber.

Krishna, der sich bereit erklärt hat, Arjunas Streitwagen zu lenken, sieht Seinen Freund und Geweihten plötzlich der Illusion verfallen, gelähmt vor Entsetzen durch die Aussicht, seine Verwandten und Freunde töten zu müssen. Aus Mitleid erinnert Krishna ihn mit beredten Worten an seine unmittelbare soziale Pflicht *(varna-dharma)* als Krieger, auf den sich die Menschen verlassen, und vor allem an seine religiöse Pflicht *(sanatan-dharma)* als ewiges spirituelles Lebewesen in Beziehung zu Gott. Die tiefe Bedeutung und die Allgemeingültigkeit von Krishnas Lehren erheben sie über den unmittelbaren historischen Zusammenhang der Schlachtfeldszene. Im Verlauf des Dialogs, der aus einer Serie von Fragen und Antworten besteht, werden metaphysische Denkmodelle und Zusammenhänge erklärt, wie zum Beispiel der Unterschied zwischen Körper und Seele (spirituelle und materielle Energie), Handeln ohne Anhaftung, die Vorzüge von Selbstdisziplin *(yoga)* und Meditation sowie die Bedeutung von Wissen *(gyana)* und Hingabe *(bhakti)*. Krishna erklärt, dass Voll-

kommenheit nicht in Loslösung von der Welt liegt, sondern in selbstbeherrschtem Handeln *(karma-yoga)*, und zwar ohne Anhaftung an das Ergebnis *(karma-phala-tyaga)*.

Krishna offenbart Arjuna Seine allumfassende kosmische Gestalt, darauf Seine mystische vierarmige Gestalt und schließlich Seine ursprüngliche zweiarmige Gestalt. Er beschreibt Seine zahlreichen Formen und Aspekte, wie Brahman, Paramatma und Bhagavan (siehe S. 42–45), wobei Er darauf hinweist, dass Sein persönlicher Aspekt dem unpersönlichen übergeordnet ist.

Außerdem stellt Krishna die so genannten *gunas* dar, die drei Erscheinungsweisen der materiellen Natur – Tugend, Leidenschaft und Unwissenheit – und erklärt, wie ein Verstehen dieser drei Prinzipien sowie das Wissen vom göttlichen und dämonischen Wesen zu Erleuchtung führen kann. Er beschreibt die verschiedenen Arten der Erlösung und die Bedeutsamkeit der liebenden Hingabe zu Ihm.

WAS IST DHARMA?

Obwohl die Bedeutung „Pflicht" für das Sanskritwort *dharma* sprachwissenschaftlich allgemein anerkannt ist, lässt es sich oft gar nicht leicht übersetzen; denn mit *dharma* kann auch Religion gemeint sein oder heilige Pflicht, Tugend, kosmische Ordnung usw. *Dharma* leitet sich von der Verbalwurzel *dhri* her, was allgemein „halten" bedeutet, dann aber auch „das, was alles zusammenhält". Ein Ding wird von seinen wesentlichen Eigenschaften zusammengehalten. Folglich ist *dharma* „das inhärente Wesen einer bestimmten Sache". So ist beispielsweise der *dharma* von Wasser seine Nässe oder der *dharma* von Honig seine Süße. Und nach Aussage der *Bhagavad-gita* ist der *dharma* der Seele der Dienst an Krishna in Liebe und Hingabe.

Kommentare zur Gita

Obwohl die *Bhagavad-gita* meist als eigenständiger Text veröffentlicht und gelesen wird, bildet sie ursprünglich eine Episode im sechsten Buch des *Mahabharata (Bhishma-parva,* Kapitel 23–40). Sie besteht aus 700 Versen in achtzehn Kapiteln *(ashtadashadayini)* und wird oft *„Gitopanishad"* genannt, da sie dem Stil und den philosophischen Schlussfolgerungen der Upanishaden folgt.

Die tiefgründige Weisheit der *Gita* hat zu zahlreichen Kommentaren angeregt. Die *Gita* gilt als das meistkommentierte Buch in der Religionsgeschichte des Menschen. In Indien hat seit der Antike fast jeder bedeutende spirituelle Lehrer einen *Gita*-Kommentar geschrieben. Auch das *Mahabharata* selbst beinhaltet eine eigene Erläuterung zur *Gita,* denn das vierzehnte Buch (die so genannte *Anugita*) ist im Wesentlichen eine Zusammenfassung des Inhalts der *Gita.*

Traditionelle Vaishnava-Schriften wie das *Varaha Purana* und das *Padma Purana* enthalten eine *Gitamahatmya* (eine Lobpreisung der *Gita*), und diese Texte werden in allen indischen Geistesrichtungen gelesen. Im siebten und achten nachchristlichen Jahrhundert haben Vertreter der Unpersönlichkeitslehre, wie Bhaskara und Shankara, Kommentare zur *Gita* verfasst, die heute als Klassiker gelten, wenngleich es solchen Werken am persönlichen Verständnis der Vaishnavas mangelt. Von größerer Bedeutung sind die später verfassten theistischen Kommentare, insbesondere der von Shrila A.C. Bhaktivedanta Swami Prabhupada.

Nachdem die *Gita* zum ersten Mal ins Englische übersetzt worden war, nahm ihre Beliebtheit schlagartig zu. Intellektuelle aus Ländern wie Deutschland (Schlegel, Deussen und Schopenhauer), den Vereinigten Staaten (Emerson und Thoreau), England (Max Müller, der eigentlich ein Deutscher mit britischer Wahlheimat war, und Aldous Huxley), Frankreich (Romain Rolland) und Russland (Tolstoi) waren von der Botschaft der *Gita* fasziniert. Bis zum heutigen Tag hat diese Botschaft immer wieder Autoren zu neuen Auslegungen inspiriert.

„Unter den heiligen Schriften der Hindus ist die *Bhagavad-gita* das meistgelesene Buch und wohl das wichtigste Werk zum Verstehen östlicher Mystik.“

–R. C. Zaehner, University of Oxford

DAS RAMAYANA

Das andere große Sanskritepos – die Geschichte von Rama – ist uralt. Nach der Überlieferung geht diese Erzählung bis auf das Treta-yuga zurück, eine Zeit vor etwa zwei Millionen Jahren. Der Weise Valmiki war der erste, der sie niederschrieb. Seine Fassung, das *Ramayana* („der Pfad Ramas") gilt noch heute als eines der beiden wichtigsten Epen der indischen Geschichte (das andere ist das *Mahabharata*). Das *Ramayana* wird außerdem als „das erste Gedicht" *(adi-kavya)* der gesamten Sanskritliteratur bezeichnet.

Das *Ramayana* wird oft wegen seiner unvergleichlichen Schönheit geschätzt: Schönheit sowohl, was die Sanskritpoesie betrifft, als auch die anschauliche Bildersprache und die Tiefgründigkeit der Dialoge; Schönheit in Bezug auf *dharma* (die Bedeutsamkeit der eigenen Pflicht); Schönheit in Bezug auf die dargestellten Emotionen und nicht zuletzt in Bezug auf die beschriebenen Personen.

Der Held der Geschichte ist Rama selbst. Er wird eindeutig als ein *avatar* („Gott auf Erden") beschrieben und ist groß, stark und rechtschaffen. Er ist die Tugend in Person, ein wahrer Held, der sich nicht scheut, auch seine „menschlicheren" Züge zu zeigen: Empfindungen wie Liebe oder den Schmerz der Trennung, wenn Ihm die Frau Seines Herzens genommen wird.

Sita, Ramas Gefährtin, ist ebenfalls tugendhaft. Sie ist ein Muster an Keuschheit und allem, was gut und wahrhaftig ist. Lakshman, Ramas edler Bruder, dient dem göttlichen

Paar in allen ihren Bedürfnissen. Und auch Hanuman, die wohl außergewöhnlichste Figur des *Ramayana* (er ist halb Mensch und halb Affe) ist ein Sinnbild für Kraft, Heldenmut, Tugend, Treue und Hingabe.

Das erste Buch in Valmikis *Ramayana* *(Bala-kanda)* handelt von der göttlichen Geburt Ramas, Seiner Kindheit und Seiner Hochzeit mit Sita. Im zweiten Buch *(Ayodhya-kanda)* erzählt Valmiki von den Vorbereitungen für die Krönung Ramas und von der Intrige, die zu Ramas Waldexil führt. Das dritte Buch *(Aranya-kanda)* beschreibt das Leben von Rama, Sita und Lakshman in der wäldlichen Einsiedelei, die Personen, mit denen sie dort zu tun haben, und die Entführung Sitas. Im vierten Buch *(Kishkinda-kanda)* begegnet Rama Hanuman und Sugriva, schließt ein festes Bündnis mit ihnen und krönt Sugriva zum König von Kishkinda. Unterdessen wird Sugrivas älterer Bruder Valin getötet, und die Suche nach Sita beginnt. Das fünfte Buch *(Sundara-kanda)* handelt von Hanuman und seiner abenteuerlichen Reise nach Lanka, wo es ihm gelingt, Sita zu finden und ihr eine Botschaft von Rama zu übergeben sowie Ramas Ring als Zeichen ihres Bündnisses. Im *Yuddha-kanda* findet die lang erwartete Schlacht zwischen den Armeen Ramas und Ravanas statt. Rama erringt den Sieg und führt Rama Rajya ein, das Reich Gottes auf Erden. Das siebte Buch *(Uttara-kanda)* gilt im Allgemeinen als eine Art Anhang. Nachdem Rama Gerüchte über Sitas Untreue zu Ohren gekommen sind, verbannt Er sie in den Wald. Dort, in der Einsiedelei Valmikis, werden Sita zwei Söhne geboren, Kusha und Lava, die schließlich auf den Thron Ayodhyas erhoben werden. Ihrer Mutter jedoch bricht die Verbannung das Herz, und sie geht in die Erde ein, woraufhin der reumütige Rama in Sein himmlisches Reich auffährt.

Rama-Nacherzählungen

Variationen eines Themas

Valmikis *Ramayana* gilt als die früheste und authentischste Fassung der Geschichte Ramas. Das Nacherzählen des Originals in den verschiedenen Mundarten und Landessprachen Indiens führte dazu, dass bald neue Versionen entstanden.

Neben dem Text Valmikis findet man eine frühe Sanskritfassung der Rama-Geschichte im *Mahabharata,* wo Yudhishthir von einem Weisen über die wichtigsten Taten Ramas unterrichtet wird. Diese Passage, das so genannte *Ramopakhyana,* befindet sich im *Aryana-parva,* dem dritten Buch des *Mahabharata.* Eine weitere frühe Sanskritfassung ist im *Harivamsha* enthalten, einer Art Anhang des *Mahabharata,* in dem das Leben Krishnas beschrieben wird. Auch im neunten Canto des *Bhagavatam* werden die Abenteuer Ramas in Kurzform erzählt.

Andere *Puranas* enthalten gleichfalls Variationen der *rama-lila.* Auf diesem Wege gelangte die Erzählung nach Südindien, wo im elften Jahrhundert ein Weiser namens Kampan eine Neufassung des *Ramayana* in Tamil schrieb. Dieses Werk, das als das erste volkssprachliche *Ramayana* gilt, ist unter dem Titel *Iramavataram* bekannt. Kampans Nacherzählung des *Ramayana* folgten eine Fassung in Telugu im dreizehnten sowie eine in Bengali im vierzehnten Jahrhundert.

Die mittelalterliche *bhakti*-Renaissance brachte eine Welle neuer *Ramayanas* mit sich, allen voran das sanskritsprachige *Adhyatma-ramayana* (das „esoterische" *Ramayana*), das in Südindien entstanden sein soll. Dieses Werk bietet eine mystische Version der Geschichte dar, mit originellen Allegorien und einem ausgeklügelten Symbolismus. Zwei weitere wichtige Fassungen sind das *Ananda-ramayana* und das *Bhushundi-ramayana.* Letzteres ist dem *Shrimad Bhagavatam* so stark nachempfunden, dass es oft auch *Rama-bhagavat*

genannt wird. Die bedeutendste volkstümliche Nacherzählung ist jedoch Tulsidasas *Ramcharitmanas*, das im sechzehnten Jahrhundert in Hindi niedergeschrieben wurde.

Es sei darauf hingewiesen, dass all diese populären Fassungen nicht einfach Übersetzungen von Valmikis *Ramayana* sind. Meist handelt es sich dabei um völlig neue, eigenständige Werke, die zwar mehr oder weniger auf Valmikis *Ramayana* aufbauen, dabei aber neue Einblicke gewähren sowie einheimische Legenden und Sagen mit einarbeiten. Doch obwohl die meisten Inder die Geschichte Ramas von einer der volkstümlichen Überlieferungen her kennen, werden die Verse Valmikis von allen als besonders heilig erachtet.

Das *Ramayana* ist aber nicht nur in Indien verbreitet. So haben beispielsweise die Thailänder ihr *Ramakien*, die Indonesier ihr *Serat Rama*, in Burma gibt es das *Yama Pwe* und auf den Philippinen das *Maharadia Lawana*. Übermittelt wird das *Ramayana* in Form von Musik und Mimodramen, Poesie und Volkssagen, Schauspielen und Videos, Comicstrips und epischen Erzählungen. Die Geschichten und Figuren der *rama-lila* haben die Herzen von weltweit über einer Milliarde Menschen erobert.

Rama tötet den Dämon Ravana

„Aufgrund der großen Beliebtheit von *hatha-yoga* im Westen sind andere bewährte Formen des Yoga in den Hintergrund gedrängt worden. Dazu zählt auch der Pfad des *bhakti-yoga,* der bei weitem älter ist als der Yoga der „Anstrengung" *(hatha).* Der Pfad der Hingabe *(bhakti)* wurzelt im mystischen Ritualismus der Veden, und das Alter dieser archaischen Sanskritschriften wird auf weit über viertausend Jahre geschätzt."

— Georg Feuerstein

Gründer und Leiter des Yoga Research and Education Center (YREC)

FRÜHGESCHICHTE DES VISHNUISMUS

2

Die Südliche Tradition

Jahrhunderte nachdem Vyasa die vedischen Schriften niedergelegt hatte, trugen einige große Lehrer dazu bei, die Vaishnava-Tradition zu systematisieren. Dies geschah sowohl im Süden als auch im Norden Indiens, und zwar jeweils mit eigenen, charakteristischen Merkmalen.

„Es gibt eine Reihe von shastrischen, literarischen, architektonischen und archäologischen Belegen, die für ein hohes Alter der Bhakti-Tradition (Vishnuismus) sprechen. Wenn wir aber die indische Religionsgeschichte der letzten zwei- bis dreitausend Jahre betrachten, ist es deutlich, dass die Bhakti-Tradition am stärksten im Mittelalter verbreitet war – sagen wir einmal, angefangen im elften Jahrhundert mit dem Erscheinen der großen Vaishnava-Acharyas (spirituelle Lehrer) wie Ramanuja und Madhva. Viele ältere Bhakti-Strömungen vereinigten sich zur mittelalterlichen Bhakti-Bewegung."

— Shrivatsa Goswami,
Gründer und Leiter des Shree Chaitanya Prema Sansthana, Vrindavan

In einer traditionellen Geschichte nimmt *bhakti*, die hingebungsvolle Liebe, die Gestalt einer wunderschönen Frau an. Bhakti wird im Süden Indiens geboren und wächst im Dekkan auf. Im Laufe der metaphorischen Erzählung reist sie quer durch Indien, doch es ist im Norden, wo sie zur Reife gelangt. In der Tat finden sich die ältesten Spuren der Vaishnava-Kultur im Süden, wohingegen Chaitanyas Vishnuismus, zumindest ursprünglich, hauptsächlich ein nördliches Phänomen ist.

Der Vishnuismus des Südens nahm vorrangig durch die Werke der Alvars, bedeutender Vertreter der frühen *bhakti*-Lehre, Gestalt an. Alvar bedeutet „vertieft in Meditation" oder „versunken in Gott". Das ist tatsächlich eine passende Beschreibung für die geistige Einstellung der Weisen und Heiligen der mittelalterlichen *bhakti*-Bewegung im Süden. Es gibt zwölf Alvars. Die wichtigsten unter ihnen sind Nammalvar, Kulashekharalvar und Antal (die Tochter des Periyalvar). Ihre Lebensgeschichte und ihre Dichtkunst sind bis heute lebendig geblieben und erfreuen sich bei den südindischen Vaishnavas, insbesondere den Anhängern der Ramanuja-Schule, großer Beliebtheit.

Die Tradition spricht den Alvars gewöhnlich prähistorische Lebensdaten zu und ordnet sie in die Zeit vor etwa fünf- oder sechstausend Jahren ein. Nach Ansicht der meisten Fachleute für indische Religion jedoch sind die Alvars etwa zwischen dem achten und neunten nachchristlichen Jahrhundert anzusiedeln.

Die Alvars verfassten das

Ein Shrivaishnava-sadhu *in der Schülernachfolge der Alvars*

Divya Prabandham, eine Sammlung von viertausend hingebungsvollen Liedern in der Tamilsprache. Südindische Vaishnavas verehren das *Divya Prabandham* als heilige, den Veden gleichrangige Schrift. Es ist unter ihnen sogar als „Vaishnava-Veda" bekannt.

Das Besondere an der *bhakti*-Religion der Alvars war ihre Offenheit. Ob von höherer oder niederer Kaste, Mann oder Frau, arm oder reich, gebildet oder unwissend, fromm oder unfromm, niemand war ausgeschlossen. Das galt auch für die Alvars selbst. Antal war beispielsweise eine Frau; Kulashekhara ein König (Königen wurde oft nachgesagt, dass sie aufgrund zu starker Verstrickungen in materielle Angelegenheiten die Vaishnava-Religion nicht aufrichtig ausüben konnten); und Tondaradippodi war ein bekehrter Krimineller. Ausschlaggebend für den Erfolg auf dem spirituellen Pfad war nach Ansicht der Alvars einzig und allein *prapatti*, die Hingabe des Herzens an Gott.

Die Hymnen der Alvars sind seit jeher eine Quelle großer Inspiration für die Vaishnavas Südindiens gewesen. Ein Einfluss dieser Lieder auf den Vishnuismus des Nordens ist ebenfalls nicht auszuschließen, da sie ja den gleichen Grundsatz des *rasa* (Beziehung zu Gott) lehrten, der einige Jahrhunderte später von den Anhängern Shri Chaitanyas zu einer regelrechten Wissenschaft ausgearbeitet wurde.

Die *rasas*, die von den Alvars in den Mittelpunkt gestellt wurden, waren *dasya* (die Liebe eines Dieners zu seinem Meister), *sakhya* (freundschaftliche Liebe) und *vatsalya* (elterliche Liebe). Die Alvars befassten sich zwar ebenfalls mit dem *madhurya-rasa*, aber eigentlich war es Shri Chaitanya, der seinen besonderen Nektar erschloss. Die höheren *rasas* kamen bei den Alvars kaum zum Ausdruck.

Während im Süden Indiens die Hingabe der Alvars erblühte, geriet im Norden das geistige Erbe des Vishnuismus unter dem Druck der moslemischen Fremdherrschaft mehr und mehr in Vergessenheit. Das sollte sich jedoch entscheidend ändern, und zwar mit dem Erscheinen einer Schülernachfolge, die im fünfzehnten Jahrhundert in Shri Chaitanya Mahaprabhu gipfelte.

Südindischer Tempel, gebaut nach dem Vorbild der Alvar-Tempel

Die Nördliche Tradition

Nach der bereits erwähnten Legende wurde Bhakti im Süden geboren. Es gibt jedoch eine ganze Reihe archäologischer Funde, die darauf hinweisen, dass Bhakti eine Zwillingsschwester im Norden Indiens hatte.

Bücher wie Suvira Jaiswals *The Origin and Development of Vaishnavism* (Munshiram Manoharlal, Delhi 1967) und R.P. Chandas *Archeology and the Vaishnava Tradition* (erschienen als Band 5 der Reihe *Memoirs of the Archeological Survey of India*, 1920) haben überzeugend nachgewiesen, dass der Vishnuismus auch im Norden eine lange Geschichte hat.

Dennoch dauerte es bis zum zwölften Jahrhundert, dass die *bhakti*-Bewegung in Nord- und Zentralindien richtig Fuß fasste: von Kashmir und Gujarat bis nach Bengalen und Orissa. Zu dieser Zeit verfasste eine begabte Generation von *bhakti*-Anhängern Gedichte, die die Vaishnava-Tradition entscheidend formen sollten. Darin behandelten sie Themen aus traditionellen Schriften wie dem *Shrimad Bhagavatam* und der *Bhagavad-gita* in ihrer jeweiligen Landessprache. Richard Davis von der Yale University schreibt über die Tiefe und Hingabe der nordindischen *bhakti*-Dichtung:

„Im Gegensatz zur traditionellen indischen Hofdichtung sangen die Dichter-Heiligen Nordindiens in volkstümlichen Sprachen und bedienten sich in ihrer Metaphorik alltäglicher Themen. Sie machten sich eine ausgesprochen persönliche poetische Ausdrucksweise zu Eigen, um von den Freuden und Leiden des hingebungsvollen Lebens zu erzählen. Die Dichtung der mittelalterlichen Bhakti – in Hindi, Bengali, Marathi und anderen Volkssprachen Indiens – bildet das wohl reichhaltigste hingebungsvolle Schrifttum der Weltliteratur. Das Besondere an ihr ist nicht nur ihre religiöse Inbrunst, sondern auch die große Vielfalt an Geisteshaltungen und Gefühlsregungen, die in ihr zum Ausdruck kommt. Diese mittelalterlichen Bhakti-

Gesänge Indiens sind bis zum heutigen Tag äußerst lebendig geblieben. Kaum jemand bei uns im Westen kann irgendeinen Autor so umfangreich zitieren wie der durchschnittliche Hindu Kabir, Surdas oder Mirabai.“[1]

Drei nordindischen Schriftstellern – Vidyapati, Jayadeva und Chandidas – gebührt aufgrund ihrer formvollendeten, tiefgründigen Gedichte besondere Erwähnung. Diese heiligen Poeten betonten die intensive Liebe zu Gott in Trennung – eine Form spiritueller Sehnsucht, wie sie nur selten erlangt wird. Die tieferen Empfindungen der Vaishnava-Mystik, die sich in ihren Werken niederschlagen, haben die späteren Lehrer stark beeinflusst. Für eine systematische Formulierung der Gedankenwelt nordindischer Vaishnavas sorgten später berühmte Lehrer wie Vallabha, Chaitanya und die sechs Gosvamis von Vrindavan.

Anmerkungen

1. *Donald S. Lopez (Hsrg.):* Religions of India in Practice, *Princeton University Press, 1995, S. 40.*

Buddha & Shankara

Nach vishnuitischer Geschichtsauffassung folgte der Großteil Indiens bis zur Zeit Buddhas (500 v. Chr.) der vedischen Tradition. Damals grassierten allerdings bereits grobe Fehlinterpretationen der vedischen Schriften. Als Folge davon führte man längst veraltete Opferrituale aus, bei denen Tiere geschlachtet wurden.

Um dieser Misslage Abhilfe zu verschaffen, sah Buddha sich gezwungen, die Veden rundweg abzulehnen. Anstatt sich mit den metaphysischen Dimensionen der Realität auseinanderzusetzen, wie es die Veden getan hatten, richtete er sein Augenmerk auf Moral, Ethik, die Stärkung von Psyche und Geist, das Wesen des Leids und Wege zur Beendigung des Leids. Er lehrte das Gesetz der Vergänglichkeit, das sich mit dem unbeständigen Wesen aller materiellen Dinge befasst, und das Gesetz der Kausalität – nichts geschieht durch Zufall. Nach Buddha besteht die beste Art, in dieser Welt zu leben, in dem so genannten Pfad der Mitte. Dieser führe zu einer ausgeglichenen, harmonischen Lebenseinstellung, bei der die beiden Pole des Sinnengenusses und der strengen Askese vermieden werden. Die vier edlen Wahrheiten, die die Grundlage der buddhistischen Lehre bilden, sagen aus: 1. Leiden sind universal. 2. Leiden werden durch Wünsche und gierige Verlangen verursacht. 3. Leiden können verhindert oder überwunden werden. 4. Die Maximen des Buddhismus verkörpern den Weg, Leid zu beseitigen.

Diese Maximen lassen sich in dem achtfältigen Pfad zusammenfassen: rechtes Benehmen, rechte Gesinnung, rechte Entschlossenheit, rechtes Sprechen, rechter Lebensunterhalt, rechte Aufmerksamkeit, rechtes Bemühen und rechte Meditation über ein gutes Verhalten.

Die Botschaft des Buddhismus könnte man also als eine Vorstufe zum Theismus bezeichnen: „Läutere deinen Geist und sei ein guter Mensch; so wirst du dem materiellen Leid entkommen." Gott oder andere esoterische Gehalte der früheren vedischen Lehren werden im Buddhismus folglich nicht thematisiert.

Im achten nachchristlichen Jahrhundert erschien dann Shankara, eine Inkarnation Shivas. Er führte die vedischen

Schriften wieder ein, jedoch in leicht abgewandelter Form. Shankara lehrte, die Veden seien göttlich inspirierte Schriften, müssten aber auf metaphorische, letztlich unpersönliche Weise interpretiert werden. Mit anderen Worten, für Shankara war Gott eine abstrakte Kraft, und nach seiner Lehre war jegliche persönlich anmutende Textstelle in den heiligen Schriften über das Wesen Gottes entweder symbolisch zu deuten oder als Hinweis auf Gottes untergeordnete Stellung zu verstehen. Hiermit fand er großen Anklang bei seiner hauptsächlich buddhistischen Zuhörerschaft, deren Denken auf abstrakte Philosophie und Psychologie eingestellt war und nicht auf die Erkenntnis eines höchsten Wesens.

Zusammenfassend lässt sich sagen, dass Buddhas Erscheinen in dieser Welt dem Zweck diente, die Menschen von den vedischen Texten abzubringen, weil sie sie missbrauchten. Shankara aber sollte die Veden wieder einführen, und zwar so, dass sie für die Buddhisten akzeptabel waren. Nach Ansicht der Vaishnavas war dies Teil des göttlichen Plans, die vedische Kultur wieder aufleben zu lassen. Dieser Plan begann sich im elften Jahrhundert zu entfalten, und zwar mit dem Erscheinen Ramanujacharyas.

Oben: Buddha in Meditation

Rechts: Shankara, der Lehrer der Unpersönlichkeitslehre

SIDDHARTHA GAUTAMA

Vaishnavas erkennen Buddha (dessen Geburtsname Siddharta Gautama lautete) als eine Inkarnation Vishnus an. Im *Shrimad Bhagavatam* (1.3.24), wo Buddhas Erscheinen 2500 Jahre vor seiner Geburt vorausgesagt wird, heißt es, dass er in Gaya geboren werden und dass der Name seiner Mutter Anjana sein werde. Rein historisch gesehen stimmt das eigentlich nicht, denn Siddharta Gautama wurde in Nepal geboren und nicht in Gaya. Aber Gaya war der Ort seiner Erleuchtung. Mit anderen Worten, Siddharta wurde zwar in Nepal geboren, Buddha jedoch in Gaya.

Gleichermaßen hieß seine Mutter nach der Überlieferung Mayadevi, nicht Anjana. Es war aber Buddhas Großmutter Anjana, die ihn aufzog – von dem Augenblick an, als seine Mutter starb, das heißt sechs Tage nach seiner Geburt. Praktisch gesehen war also Anjana seine Mutter. Die Beschreibung des *Bhagavatam* von Buddhas Leben ist folglich auf esoterische Weise zu verstehen. Nach Ansicht des Dichters Jayadeva bestand Buddhas wahre Mission nicht nur darin, den Buddhismus zu gründen; vielmehr wollte er in erster Linie der unnötigen Gewalt und den Tieropfern ein Ende bereiten.

Acharyas

Die Lehren Shankaras wurden durch das wirksame hingebungsvolle Predigen der Alvars angefochten, das durch das Erscheinen Ramanujas (1017–1137) seinen Höhepunkt fand. Ramanuja ging in der Wiederherstellung des vedischen Gedankenguts einen Schritt weiter. Buddha hatte die Schriften rigoros abgelehnt; Shankara hatte sie zwar wieder eingeführt, aber mit einem unpersönlichen Verständnis; Ramanuja nun näherte sich mit seiner Vishishtadvaita-Philosophie, einer Art eingeschränktem Monismus, weiter dem ursprünglichen Monotheismus der Veden. „Wir sind wie Gott", lehrte Ramanuja, „doch gleichzeitig sind wir auch verschieden von Ihm." Vielen Anhängern Shankaras erschien es, als betonte Ramanuja mehr die Gleichheit als den Unterschied, und so konnte sein Predigen Früchte tragen, obwohl die damalige Gesellschaft stark von Shankaras Lehren geprägt war.

Ramanujas Lehren sind eine Art Dämmerung des wahren vishnuitischen *siddhanta* (Schlussfolgerung). Weder Buddha noch Shankara kommt der Wahrheit so nahe wie Ramanuja, denn dieser anerkannte letztlich den Unterschied zwischen dem Lebewesen und Gott. Während Shankara diesen Unterschied ablehnte, entdeckte Ramanuja ihn. Es war Madhva, der noch einen Schritt weiter ging, indem er den Unterschied zwischen uns und Gott betonte.

Etwa einhundert Jahre nach der Zeit Ramanujas predigte Madhva (1239–1319) seine Doktrin des Dvaita, in der das dualistische Wesen der Realität deutlich zutage tritt – es gibt Gott und es gibt das Lebewesen, und zwischen ihnen gibt es nie eine Einheit. Die philosophische Literatur Indiens befasst sich größtenteils mit einer Gegenüberstellung von Madhvas Schule des reinen Dualismus, Ramanujas eingeschränktem Monismus und der monistischen Schule Shankaras. Madhvacharya vertrat eine kompromisslose Ansicht. Er wollte nichts von einer Ähnlichkeit Gottes und der begrenzten Seele wissen. Sein Vishnuismus ist noch heute eine laute Stimme des Protests gegen den Atheismus Buddhas und den Monismus Shankaras.

Wir fassen noch einmal zusammen: Shankara verneinte den Unterschied zwischen Gott und dem Lebe-

Shri Chaitanya (1486–1533)

Madhva (1239–1319)

Ramanuja (1017–1137)

wesen; Ramanuja erkannte ihn, und Madhva betonte ihn. Das Erscheinen Shri Chaitanyas, so sagen die Gaudiya-Vaishnavas, leitete die letzte Phase der Wiederherstellung der vedischen Philosophie ein: Shri Chaitanya brachte die Einheit und den Unterschied von Gott und dem Lebewesen miteinander in Einklang. Seine Lehre ist als Achintya-bhedabheda-tattva bekannt, „das unbegreifliche gleichzeitige Eins- und Verschiedensein von Gott und den Lebewesen". Qualitativ sind wir eins mit Gott, so lehrte Shri Chaitanya, aber nicht quantitativ. Zwischen einem Tropfen Wasser und dem gesamten Meer gibt es, rein chemisch gesehen, keinen Unterschied. Das Meer ist jedoch unendlich größer als der Tropfen.

Gleichermaßen ist Gott der Urquell aller Fülle und Pracht. Seine Schönheit, Sein Reichtum, Sein Ruhm, Sein Wissen, Seine Kraft und Seine Entsagung kennen keine Grenzen. Als Teil Gottes besitzt auch das Lebewesen diese Eigenschaften, jedoch in winzigem Ausmaß. Das ist der Unterschied zwischen Gott und uns. Aufgrund seiner untergeordneten Stellung ist das Lebewesen dazu bestimmt, dem Höchsten zu dienen. Das war auch die Aussage der ursprünglichen Lehren der Veden, die durch eine lange Kette von Offenbarungen – angefangen von Vyasa, über Buddha, Shankara, Ramanuja und Madhva bis hin zu Shri Chaitanya Mahaprabhu – allmählich wieder eingeführt wurden. Es gab noch viele andere große *acharyas,* wie zum Beispiel Nimbarka, Vallabha und Vishnusvami, aber die oben genannten sechs Lehrer sind für ein Verständnis der historischen Entfaltung des vedischen Wissens am wichtigsten. Diese Entwicklung beflügelte den Vishnuismus des Südens und erweckte die reiche Tradition des Nordens zu neuem Leben.

Formen Gottes

3

Gott ist Licht. Unwissenheit ist Dunkelheit.
Wo Gott ist, kann es keine Unwissenheit geben.
— *Vedischer Lehrsatz*

3 Aspekte Gottes

In der indischen Theologie hat Gott drei Aspekte: Brahman, Paramatma und Bhagavan – Sein unpersönliches Wesen, Sein alldurchdringendes Wesen und Sein Wesen als die höchste Person. Die drei vorrangigen Attribute Gottes – *sat* (Sein, Ewigkeit), *chit* (allumfassendes Wissen) und *ananda* (unbegrenzte Glückseligkeit) – werden stufenweise in der Erkenntnis dieser drei Aspekte offenbart: *sat* auf der Stufe der Brahman-Erkenntnis, *sat* und *chit* auf der Stufe der Paramatma-Erkenntnis, und *sat, chit* und *ananda* auf der Stufe der Bhagavan-Erkenntnis. Bhagavan-Erkenntnis beinhaltet somit die Schau aller Eigenschaften Gottes.

Brahman

Das unpersönliche Brahman

Die Brahman-Erkenntnis (das Verstehen Gottes als eine alldurchdringende Kraft) ist eine fundamentale Gottesschau. Diese Sichtweise spricht spirituell geneigte Empiriker an, die allerdings über eine partielle Brahman-Erkenntnis nicht hinausgelangen können. Durch die Ausübung von *gyana-yoga* (ein traditioneller Pfad des Intellekts) kann man umfassende Erkenntnis des Brahmans und damit der Ewigkeit *(sat)* erreichen. Die meisten gängigen Arten des Yoga führen im Idealfall zu dieser spirituellen Bewusstseinsebene. Anhänger dieses Pfads nennt man *gyana-yogis*. Ihre Suche nach der Wahrheit bringt sie zur persönlichen Ausstrahlung Gottes, dem *brahmajyoti*, in das sie nach dem Tode eingehen können. Doch so mancher ist schon in diesem Bestreben gescheitert, denn die weite Leere der Unpersönlichkeit und Ewigkeit erweckt das Verlangen nach persönlichen Beziehungen. *Gyana-yogis* können also auch wieder geboren werden und so eine Möglichkeit erhalten, den spirituellen Pfad erneut aufzunehmen.

Paramatma

Ein *gyana-yogi* kann sich zur nächsten Stufe der Erkenntnis erheben und ein *ashtanga-yogi* werden, indem er den achtstufigen Yoga-Pfad beschreitet, wie er in Patanjalis *Yoga-sutras* niedergelegt

Paramatma,
der Herr im Herzen

zuschaut und darauf wartet, dass das Lebewesen das Trachten nach vergänglichen Freuden aufgibt. Das kann zwar viele Leben dauern; aber wenn sich das Lebewesen schließlich der Überseele in Liebe und Hingabe zuwendet, bietet die Überseele Ihre Hilfe an und führt es zu einem reinen Gottgeweihten, der Bhagavan-Erkenntnis erreicht hat. Hier beginnt die höchste Stufe des Gottesbewusstseins.

ist. Wenn einem solchen Yogi Erfolg beschieden ist, erkennt er die lokalisierte Form Gottes, die sich in jedem Herzen und auch in jedem Atom befindet. Diese Form des Herrn wird Paramatma genannt, die Überseele. Solche Erkenntnis gewährt nicht nur Unsterblichkeit, sondern auch die Essenz spirituellen Wissens *(chit)*.

Die Vaishnava-*acharyas* erklären die Stellung des Paramatma folgendermaßen: So wie sich die Sonne in unzähligen Juwelen reflektiert, kann auch der Herr als vielgestaltig erscheinen, obwohl Er letztlich eins ist und in der spirituellen Welt (in Seiner ursprünglichen Form) existiert.

Eine Gefahr auf diesem Pfad ist die fälschliche Identifizierung der individuellen Seele mit der Überseele (Paramatma). Zum Verständnis dieses Sachverhalts geben die vedischen Schriften die folgende Analogie: Die Überseele und die individuelle Seele gleichen zwei Vögeln, die auf einem Baum sitzen. Die individuelle Seele genießt die Früchte des Baumes, während die Überseele ihr

Bhagavan

Bhagavan ist das Sanskritwort für „Gott". Wörtlich bedeutet *bhagavan* „der Urquell aller Herrlichkeit". Die Weisen des Ostens unterscheiden zwischen sechs grundlegenden Arten der Herrlichkeit: Kraft, Schönheit, Reichtum, Ruhm, Wissen und Entsagung. Nur der Höchste Herr besitzt diese Eigenschaften in vollem Ausmaß. Jemand, der Ihn in Vollkommenheit verehrt, erreicht die Bewusstseinsstufe von Ewigkeit und Wissen – wie bei der Erkenntnis von Brahman und Paramatma – und entwickelt darüber hinaus ein starkes Empfinden transzendentaler Seligkeit *(ananda)*. Auf dem Pfad der Bhagavan-Erkenntnis eröffnet sich dem Devotee eine persönliche, vertrauliche Beziehung zu Gott, die letztlich in tiefe Liebe mündet. Nach der Lehre des Vishnuismus bildet also Bhagavan-Erkenntnis die Vollkommenheit von *gyana-* und *ashtanga-yoga*, ja von allem spirituellen Trachten.

Bhagavan Krishna, die Höchste Persönlichkeit Gottes

3 Aspekte: ein Gleichnis

Um die drei Stufen der Gotteserkenntnis greifbarer zu machen, haben moderne Vaishnava-Kommentatoren das folgende treffende Gleichnis gegeben: Drei einfache Dorfbewohner begeben sich unter der Führung des Dorfältesten auf einen Bahnhof und warten dort gespannt auf die Ankunft des Zuges. Die drei haben noch nie einen Zug gesehen. Als sich der Zug aus der Ferne nähert, erblickt einer der Dorfbewohner den Scheinwerfer und fragt: „Was ist das Licht da hinten?“ Der Alte antwortet: „Das ist der Zug.“ In der Überzeugung, den Zug gesehen zu haben, verlässt der erste Dörfler zufrieden den Bahnhof.

Als der Zug sich dem Bahnsteig nähert, ruft der Zweite aus: „Aha, das ist der Zug!“ Er hat die Kette der Waggons gesehen, die von der Lok gezogen werden – die Form, die sich hinter dem Scheinwerfer verbirgt. Auch er ist nun überzeugt, alles gesehen zu haben, und geht von dannen.

Der Dritte jedoch wartet geduldig, bis der Zug hält, und so bekommt er auch noch den Lokführer und die Passagiere zu sehen.

Als die drei zu ihrem Dorf zurückkommen, unterhalten sie sich über das, was sie gesehen haben. Obwohl jeder von ihnen unbestreitbar denselben Zug gesehen hat, unterscheiden sich ihre Beschreibungen stark voneinander, denn sie alle hatten einen anderen Blickwinkel. Der dritte Dorfbewohner hat zweifellos eine vollständigere Erfahrung gemacht als die anderen zwei. Es gelingt ihm, die beiden anderen von seiner Version zu überzeugen, denn er kann alles, was seine Kameraden gesehen haben, auf vollkommene Weise beschreiben, und noch mehr.

Das helle Licht des Scheinwerfers steht in diesem Gleichnis für den gleißenden unpersönlichen Aspekt des Herrn (Brahman). Das Licht mit seinem bereits konkreteren Anhang symbolisiert eine göttliche Substanz, eine Persönlichkeit, die das gesamte Dasein durchdringt (Paramatma). Und die Wahrnehmung des dritten

Dorfbewohners steht für die höchste Stufe der Gotteserkenntnis (Bhagavan), auf der man dem Höchsten Herrn, Krishna, persönlich begegnet und eine Beziehung mit Ihm eingeht.

Aus Sicht der Vaishnavas sind diese drei Erkenntnisse verschiedene Facetten ein und derselben absoluten Wahrheit, und sie alle haben ihre Gültigkeit. Man erkennt die verschiedenen Aspekte Gottes entsprechend seinem spirituellen Fortschritt. Vaishnava-Lehrer empfehlen die Meditation über die umfassendste Wahrheit: den Bhagavan-Aspekt. Die anderen Pfade sind vorbereitende Stufen, die allmählich zu diesem Punkt hinführen. Unter der Anleitung eines fortgeschrittenen Vaishnavas kann man jedoch unverzüglich den Pfad der Bhagavan-Erkenntnis beschreiten und somit die Stufen von Brahman und Paramatma hinter sich lassen.

Paramatma, die Überseele

Links: der unpersönliche Aspekt

Rechts: Shri Krishna, die Höchste Persönlichkeit Gottes, in voller Pracht

Shri Krishna

„Der Höchste Herr, die Verkörperung von Wahrheit, Bewusstsein und Freude, ist auch als Govinda oder Krishna bekannt. Er hat keinen Anfang und ist der Ursprung aller Dinge und die Ursache aller Ursachen.“ – *Brahma-samhita* 5.1

Krishna ist Bhagavan, die Höchste Persönlichkeit Gottes. Im *Shrimad Bhagavatam* (1.3.27), einer der wichtigsten Vaishnava-Schriften, wird Krishnas Identität folgendermaßen beschrieben: „Krishna ist Gott in Person“ (*krishnas tu bhagavan svayam*). Er ist nicht bloß ein Teil oder eine Erweiterung Gottes, wie man sie in Indien in großer Zahl kennt. Er ist der erste Urheber, der allumfassende Gott. Vor etwa 5000 Jahren offenbarte Er auf der Erde Seine ewigen *lilas* (göttliche Spiele). Die Vaishnava-Tradition lehrt, dass Krishnas Spiele ewig sind, auf unserem Planeten aber nur damals stattfanden.

Unter all den Spielen Krishnas bilden die folgenden den Kern indischer Kultur: Seine Geburt im Kerker Kamsas; Seine Späße und Streiche als der Sohn Nandas und Yashodas; Sein Töten zahlreicher Dämonen; Seine Liebeleien mit Shri Radha und den *gopis;* Sein herzzerreißender Abschied von Braj; Seine Königsherrschaft in Dvaraka; Sein Rendezvouz mit Radha in Kurukshetra und Sein Sprechen der *Bhagavad-gita.*

In gewissen Spielen Krishnas kommen Macht und sogar Strafe zum Ausdruck, zum Beispiel als Er die Erde vom Einfluss der Dunkelmächte befreite. Trotzdem wird durch Krishnas Erscheinen klar hervorgehoben: Liebe geht über Macht, Charme über Reichtum. Während die meisten Gottesvorstellungen Scheu und Ehrfurcht hervorrufen, erweckt die

Begegnung mit Krishna den Wunsch nach einer vertraulichen, persönlichen Beziehung zu Ihm. Vaishnava-Dichter haben die Ansicht geäußert, schuld an diesem Verlangen der Seele sei Krishnas wunderschöne Erscheinung – Sein dunkelblauer Teint, Seine großen Lotosaugen und Sein rabenschwarzes, mit einer Pfauenfeder geschmücktes Haar. Es heißt, wenn man Krishnas Flöte höre, könne man nicht anders, als in einem Zustand göttlicher Raserei zu Ihm zu eilen.

KRISHNAS GÖTTLICHES WESEN LAUT BHAGAVAD-GITA

In der *Gita* wird Krishnas Stellung unzweideutig beschrieben: „Ich bin der Ursprung allen Seins; die gesamte Schöpfung geht von Mir aus." (10.8) „Es gibt keine Wahrheit über Mir." (7.7) „Ich bin es, der durch das Studium der Veden zu erkennen ist." (15.15)

Arjuna betet zu Krishna: „Du bist das höchste Brahman … die absolute Wahrheit und der ewige Höchste Herr. Du bist der urerste Gott, transzendental und ursprünglich …" (10.12) „Du bist die höchste Person, Gott … " (11.38)

Als Anrede für Krishna gebraucht Arjuna im Verlauf der *Gita* unter anderem die Namen Purushottama („die höchste Person"), Parabrahman („das höchste Brahman"), Adi-deva („der urerste Herr") und Parameshvara („der höchste Herrscher").

Erweiterungen Krishnas

Krishna ist Bhagavan (Gott), der Ursprung aller Realität, aber von Ihm gehen zahlreiche Erweiterungen und Inkarnationen aus. Diese Formen sind den Gefühlsregungen Seiner jeweiligen Geweihten angepasst. Während Krishna die Liebe personifiziert, ist Vishnu (Narayana) der Inbegriff von Macht und Herrschaft. Vishnu wiederum erweitert sich in die so genannten *avatars* („Inkarnationen"), wie Nrisimha, Vamana, Varaha und Rama.

In späteren Texten der vedischen Tradition findet man detaillierte Informationen über diese Erweiterungen und Inkarnationen. Krishna und Seine Erweiterungen werden dort folgendermaßen kategorisiert: *svayam-rupa, tad-ekatma* und *avesha.* Krishnas persönliche Gestalt *(svayam-rupa)* verkörpert Sein ursprüngliches, anfangloses Wesen. Ausgehend davon sind Seine zweitrangigen Formen *(tad-ekatma)*, die vom Wesen her mit Krishna identisch sind, sich jedoch in Aussehen und Macht von Ihm unterscheiden können. Darüber hinaus erscheint Er noch in Form besonders ermächtigter Lebewesen *(avesha)*, wie zum Beispiel Buddha oder Jesus.

Diese drei Grundformen Gottes können weiter unterteilt werden in *vilasa* und *svamsha*, und diese wiederum in *vaibhava* und *prabhava*. Mit anderen Worten, die Schriften der Gaudiya-Vaishnavas beschreiben die verschiedenen Aspekte und Formen Gottes sehr ausführlich.

Trotz der Vielfalt von Gottes Formen heißt es in den Schriften: „Gott ist eins" *(eka brahma dvitiya-nasti)*. Diese Aussage widerspricht der weit verbreiteten Ansicht, die indische Religion sei ein Vielgötterglaube. In Anbetracht der komplizierten, vielschichtigen Tradition – insbesondere was Krishna und die Unzahl Seiner Erweiterungen und Inkarnationen betrifft – ist es zwar nicht schwer zu verstehen, wie eine solche grob vereinfachte Vorstellung entstanden ist; doch eine eingehendere Untersuchung der Schriften bringt das ausgesprochen monotheistische Wesen der Tradition klar zum Vorschein.

Vishnu erweitert sich nicht nur in Seine vielfältigen Inkarnationen, sondern auch in die unzähligen Universen und in jedes Atom

Vishnus Avatars

So wie sich Krishna in Seine Vishnu-Formen erweitert, erweitert Er sich auch in unzählige *avatars,* von denen jeder einzelne Seine eigene Mission hat. Unter den vielen Inkarnationen ragen insbesondere zehn heraus.

In jedem Weltalter steigt der Herr „aus Seinem Reich herab" (das ist die Grundbedeutung des Wortes *avatar*). Zu Beginn der Schöpfung inkarnierte sich Vishnu als Matsya Avatar, ein göttliches, fischgleiches Wesen, das in die Tiefen des Ozeans tauchte, um die verloren gegangenen Veden wieder zu finden. Darauf erschien Er als Schildkröte, Kurma, und spielte eine entscheidende Rolle beim Quirlen des Milchmeers. In einem späteren Weltalter erschien der Herr als der Eber Varaha und rettete den Planeten Erde vor der Vernichtung durch den Dämon Hiranyaksha. Als Nrisimhadeva rettete Er Seinen reinen Geweihten Prahlada, einen kleinen Jungen, vor dessen grausamem Vater. Auch nahm Er die Gestalt eines Zwerg-*brahmana* namens Vamana an, der durch einen genialen Trick einem Dämonenkönig die Herrschaft über die Erde abnahm, indem Er von ihm lediglich „drei Schritte Land" erbat. Mit diesen Schritten durchmaß Er dann das gesamte Weltall. In Seiner Inkarnation als Parashurama („Rama mit der Axt") befreite Er die Welt von der Last erbarmungsloser Krieger. Sodann erschien Er als Ramachandra und später in einer Doppelinkarnation – der ursprüngliche Krishna und dessen direkte Erweiterung (und älterer Bruder) Balaram. Vor zweieinhalb Jahrtausenden erschien der Herr als Buddha, und gegen Ende des Kali-yuga (in etwa 427 000 Jahren) soll Er dann als Kalki erscheinen. Es heißt, dass Kalki eine Teilvernichtung der materiellen Welt in die Wege leiten sowie die zu der Zeit noch verkörperten Seelen befreien und mit in Sein ewiges Reich nehmen wird. Die Vaishnava-Schriften widmen der Beschreibung der *avatars* zahllose Seiten.

Koran

Der Nrisimha-Avatar

Die wohl außergewöhnlichste und auffallendste Gestalt unter den Vishnu-*avatars* ist die Nrisimhadevas, des „Menschlöwen". Seine Geschichte ist nicht minder aufregend als Sein Aussehen.

Vor vielen Tausenden von Jahren, in einem längst vergangenen Zeitalter, als die Lebewesen ein unglaublich hohes Alter erlangten, lebte ein tyrannischer König namens Hiranyakashipu, der sich wünschte, unsterblich zu sein. Um dieses Ziel zu erreichen, übte er für mehr als 36 000 Jahre Entsagung aus, in der Hoffnung, die Götter würden ihm ewiges Leben gewähren.

Schließlich erschien der Halbgott Brahma vor Hiranyakashipu und teilte ihm mit, dass er selbst, Brahma, zwar Millionen von Jahren lebe, aber am Ende dennoch sterben müsse. Wie also solle er irgendjemand anders ewiges Leben gewähren können?

Darauf bat ihn Hiranyakashipu listig: „Wenn ich schon nicht unsterblich werden kann, dann erfülle mir bitte den Wunsch, dass ich weder von Mensch noch Tier getötet werden kann noch von einer den Menschen bekannten Waffe. Außerdem soll ich weder auf dem Land noch auf dem Wasser noch in der Luft getötet werden können, weder drinnen noch draußen, weder am Tage noch in der Nacht." Als Hiranyakashipu diese Segnungen von Brahma erlangt hatte, war er sich sicher, dass er Brahma überlistet hatte und auf diese Weise doch unsterblich geworden war.

Das einzige Problem für Hiranyakashipu war nun noch sein Spross Prahlada, der frömmste seiner vier Söhne. Hiranyakashipu liebte Prahlada, aber er konnte dessen Hang zur Verehrung Vishnus nicht ertragen. Sogar seinen Klassenkameraden in der Schule erzählte Prahlada über hingebungsvolle Liebe. Als Hiranyakashipu ihn einmal daraufhin ermahnte, entgegnete Prahlada, die Menschen sollten sich mehr für Gott interessieren als für ihre materialistischen Bestrebungen.

Diese Äußerung brachte Hiranyakashipu, den ärgsten aller Atheisten, in Rage. Seine Liebe zu Prahlada wandelte sich auf der Stelle zu Hass, und er versuchte nun, ihn auf verschiedene Arten töten zu lassen. Doch bei all diesen Gelegenheiten wurde Prahlada durch einen göttlichen Eingriff gerettet.

Vor Ärger über die Vereitlung seiner Pläne beschloss Hiranyakashipu, Prahlada mit eigenen Händen zu töten. Zuvor stellte er ihm jedoch eine einfache Frage: „Wie ist es dir gelungen, den Mordanschlägen zu entkommen? Woher kommt deine unerklärliche Stärke?" Prahlada antwortete, dass alles nach dem Willen des Herrn geschehe und dass die Quelle seiner Kraft nichts anderes sei als die Quelle aller Kraft – Gott.

Nun kannte Hiranyakashipus Zorn keine Grenzen mehr. Er verlangte, den Gott, der seinen Sohn so sehr beschäftigte, endlich zu sehen: „Wo ist dieser Gott, von dem du immer sprichst?" Prahlada entgegnete, der Herr sei alldurchdringend. „Wenn Er wirklich überall ist", entfuhr es dem wütenden Hiranyakashipu, „warum dann nicht in dieser Säule?" Dabei wies er mit seinem Schwert auf eine massive Steinsäule, die in der Nähe stand. Zum Nachdruck schlug er mit der Faust gegen die Säule, doch zu seinem Entsetzen barst die Säule mit lautem Krachen entzwei, und hervor trat die gewaltige Gestalt Nrisimhadevas, des göttlichen Menschlöwen.

Für eine Weile ließ sich Shri Nrisimha Hiranyakashipus aussichtslose Versuche, mit Ihm zu kämpfen, gefallen, doch dann packte Er den anmaßenden Herrscher, legte ihn auf Seinen Schoß und riss ihm die Eingeweide aus dem Leib. So erlöste Nrisimhadeva die Erde mühelos von der Tyrannenherrschaft Hiranyakashipus, wobei Er sogar noch alle Segnungen, die dieser von Brahma erhalten hatte, respektierte: Hiranyakashipu wurde weder von einem Menschen noch von einem Tier getötet, sondern vom Höchsten Herrn selbst, einem Menschlöwen. Er wurde auf dem Schoß des Herrn getötet – weder auf dem Lande noch in der Luft. Er wurde in der Eingangshalle des Palasts getötet – weder drinnen noch draußen. Er wurde in der Dämmerung getötet – weder am Tage noch in der Nacht; und er wurde nicht von einer Waffe getötet, die den Menschen bekannt war, sondern von den transzendentalen Klauen des Herrn.

Oben: Hiranyakashipu greift Shri Nrisimhadeva an.

Gegenüberliegende Seite: Als der Schöpfergott Brahma auf Hiranyakashipus Körper, der ein Fraß von Insekten geworden war, Wasser sprenkelte, erhob sich der Dämon mit frischen Kräften und gestählten Gliedern.

Unten: Shri Nrisimhadeva tötet den Dämon Hiranyakashipu.

Die Urgöttin

Obwohl die indische Gesellschaft im Allgemeinen als patriarchalisch gilt, ist in ihr auch der Shaktismus, der Göttinnenkult, tief verwurzelt. Bereits in den alten Veden werden Göttinnen wie Ushas, Vak, Ratri, Aditi, Sarasvati und Prithivi beschrieben. Im Laufe der Geschichte des „Hinduismus" wurden dann Göttinnen wie Parvati, Tara, Chinnamasta, die Mahavidyas und die Matrikas immer beliebter. Diese Strömungen weiblichen Kults mündeten in die Verehrung einer Hauptgöttin, genannt Mahadevi oder auch Durga, Kali, Uma usw., je nach ihren verschiedenen Formen und dem Land, in dem sie verehrt wird. Sie ist die göttliche *shakti* (Energie) des Universums.

Aus Sicht der Vaishnavas lässt die Existenz dieser göttlichen weiblichen Energie (*shakti*) auf einen göttlichen Energieursprung (*shaktiman*) schließen. Die Göttin hat also ein männliches Gegenstück. Sita ist mit Rama verbunden; Lakshmi gehört zu Narayana; Radha hat Ihren Krishna. So wie Krishna die Quelle aller Formen Gottes ist, ist Shri Radha, Seine Gefährtin, die Quelle aller weiblichen Formen kosmischer Energie (*shaktis*). Sie ist also die ursprüngliche Göttin.

Man kann den Vishnuismus als eine Art Shaktismus betrachten, bei der die *purna-shakti*, die umfassendste Form göttlicher weiblicher Energie, als vorherrschender Aspekt der Gottheit verehrt wird, da sie in mancher Hinsicht sogar den männlichen Gott übertrifft. Zum Beispiel gilt bei den

Radha, die Urgöttin, und Krishna

Shrivaishnavas Lakshmi (eine der ersten Erweiterungen Radhas) als die göttliche Vermittlerin, ohne die niemand Zugang zu Narayana findet. Und in der Gaudiya-Tradition ist die höchste Gottheit eigentlich Radha, denn es heißt, dass Sie Krishna durch Ihre Liebe beherrscht.

Über die Oberhoheit der Urgöttin schreibt C. Mackenzie Brown, Professor für Religionswissenschaft und Vorsitzender des Asien-Instituts an der Trinity University:

„Radhas … Rolle ist eng mit ihrer Stellung als Krishnas Lieblingsfreundin verbunden. Durch ihre Hingabe und ihren Dienst an Krishna wird sie zur Vermittlerin seiner Gnade (prasada, anugraha) *und seiner Barmherzigkeit* (kripa). *Sie ist die personifizierte Liebe zu Krishna und der Hauptkanal, durch den er seine Liebe zu seinen Geweihten sendet. Deshalb wird sie selbst zum Objekt der Verehrung. Wie Krishna im* Brahma-vaivarta Purana *erklärt, gewährt er nur jemandem* moksha *[Erlösung], der Radha achtet. Er sagt sogar, dass die Verehrung Radhas ihm mehr Freude bereite als seine eigene.“*[1]

Anmerkungen

1. *C. Mackenzie Brown: „The Theology of Radha in the Puranas“, in:* The Divine Consort: Radha and the Goddesses of India, *Hawley und Wulff (Hrsg.), Berkeley Religious Studies Series, 1982, S. 69.*

Die Göttin Lakshmi, die erste Erweiterung Radhas

Durga, die ursprüngliche Göttin der materiellen Welt

Radha

Verkörperung von Schönheit und *rasa*,
Inbegriff von Seligkeit und Mitgefühl,
Vollendung aller Anmut und allen Glanzes,
Juwel aller Schläue, graziös in der Liebe:
Möge mein Geist Zuflucht nehmen zu Radha,
Dem Inbegriff aller Vollendung.

– Prabodhananda Sarasvati

Radhas Name ist der größte Schatz. Krishna spielt diesen Namen auf Seiner Flöte und erinnert sich ständig an ihn. Sie ist der Faden in jedem Gewebe, ist jedes Yantra, jedes Mantra, jeder Veda, ja jedes Tantra. Kannte auch Shukadeva dieses größte Geheimnis, so ließ er es doch im Verborg'nen ruhn. Krishna selbst kommt hinab, es zu erkunden; dennoch: seine Tiefe entzog sich auch Ihm. *— Hariram Vyas*

In der traditionellen Vaishnava-Literatur wird Krishna mit der Sonne verglichen und Radha mit dem Sonnenschein. Beide existieren gleichzeitig, doch eines kommt vom anderen. Dennoch wäre es falsch zu sagen, die Sonne käme vom Sonnenschein. Und was noch wichtiger ist – die Sonne verlöre ohne den Sonnenschein, ohne Hitze und Licht ihre Bedeutung. Andersherum könnten Hitze und Licht ohne die Sonne nicht existieren. Folglich kann man von einer Koexistenz der Sonne und des Sonnenscheins sprechen, wobei die Existenz beider voneinander abhängig ist. Man kann sagen, sie sind beide eins und doch voneinander verschieden.

Genauso ist auch die Beziehung zwischen Radha und Krishna durch gleichzeitige Einheit und Verschiedenheit gekennzeichnet. Im Kern sind Sie ein einziges Wesen – Gott, der zum Zwecke des persönlichen Austauschs in zwei getrennten Individuen erscheint. Mit den Worten der Tradition: „Shri Krishna betört die Welt, doch Shri Radha betört selbst Krishna. Deshalb ist Sie die höchste aller Göttinnen. Shri Radha ist die allumfassende Energie, und Krishna ist der Besitzer allumfassender Energie. Dass beide nicht verschieden voneinander sind, wird von den offenbarten Schriften bestätigt. Sie sind in der Tat eins, so wie Moschus und sein Duft untrennbar miteinander verbunden sind oder wie Feuer und Hitze eine Einheit bilden. Radha und Krishna sind also

„Shri Krishna betört die Welt, doch Shri Radha betört selbst Krishna. Deshalb ist Sie die höchste aller Göttinnen."
– *Chaitanya-charitamrita, Adi-lila* 4.95

eins, obwohl Sie verschiedene Formen angenommen haben, um eine Beziehung zu genießen. – Darin besteht Ihre geheimnisvolle *lila*" (*Shri Chaitanya-charitamrita, Adi-lila* 4.95–98).

Um die Freude Ihrer Liebesbeziehung zu steigern, erweitert sich Radha in die zahlreichen *gopis* von Braj. In den frühen Vaishnava-Schriften, wie dem *Harivamsha* und den älteren Puranas, werden die individuellen *gopis* nicht namentlich genannt, sondern treten nur als Gruppe auf. Es heißt dort, dass Krishna sich mit vielen Hirtenmädchen auf einmal traf. Doch im *Bhagavatam* kann man beobachten, dass eine bestimmte *gopi* unter den anderen herausragt, insbesondere in der Episode des *rasa*-Tanzes. Shukadeva, der Sprecher des *Bhagavat*, verrät zwar nicht ihren Namen, aber die Gaudiya-Tradition erklärt, dass diese *gopi* Radha ist (wörtlich „diejenige, die Krishna am meisten erfreut"). Sie und die anderen *gopis* werden im *Naradiya*, *Padma* und *Brahma-vaivarta Purana* sowie in späteren Schriften eingehend beschrieben. Radhas Stellung in der Vaishnava-Geschichte wurde jedoch erst im zwölften nachchristlichen Jahrhundert umfassend offenbart, als Jayadeva Gosvami und Nimbarkacharya in ihren Gedichten über Sie schrieben. In den Werken der sechs Gosvamis von Vrindavan gibt es eine Fülle an Informationen über die *gopis*, insbesondere über Radha.

In seinem *Stavavali* (15.1–10) beschreibt Raghunath Das Gosvami, der große mystische Poet unter den sechs Gosvamis von Vrindavan, Radha so, als stünde Sie direkt vor ihm: „Radha bringt mit Ihrem Liebreiz selbst Lakshmi [die Glücksgöttin] zur Verzweiflung. Radhas seidenes Untergewand ist Ihre Bescheidenheit. Ihr Körper ist elegant verziert mit dem Safran Ihrer Schönheit und dem Moschus glühenden *shringara-rasas* [sinnlicher Liebe]. Ihre Schmuckstücke sind aus neun kostbaren Juwelen gefertigt: Ihrem Zittern, Ihren Tränen, Ihrem Erbeben, Ihrer Erstarrung, Ihrem Schweiß, Ihrem Stammeln, Ihrem Erröten, Ihrer Tollheit und Ihrer Verzückung. Ihre Girlande besteht aus den Blumen einer erlesenen Auswahl ästhetischer Eigenschaften, und Ihr Gewand ist mit dem reinen, köstlichen Parfüm Ihrer beispielhaften Tugenden besprengt. Ihre Lippen sind gerötet von dem Betelblatt Ihrer intensiven Zuneigung, und die Tücke Ihrer Liebe ist Ihr Mascara. Ihre Ohren sind ewiglich von glorreichen Ringen verziert – dem Klang von Krishnas Namen."

Die Gopis: Die Hirtenmädchen von Braj

„Die Energien [Gefährtinnen] des Höchsten Herrn sind von dreierlei Art: die Lakshmis aus Vaikuntha, die Königinnen in Dvaraka und die *gopis* in Vrindavan. Die *gopis* sind die Besten von allen, denn ihnen ist es vergönnt, Shri Krishna, dem urersten Herrn und Sohn des Königs von Braj, persönlich zu dienen."

– *Chaitanya-charitamrita, Adi-lila* 1.79–80

Von allen *gopis* ist Shri Radha die herausragendste, da Sie Krishna mit Ihrem bloßen Blick erfreuen kann. Sie hat jedoch das Gefühl, dass Ihre Liebe zu Krishna sich jederzeit zu noch größerer Höhe aufschwingen kann. Deshalb erweitert Sie sich in die zahlreichen *gopis* von Braj, um so Krishnas Wunsch nach *rasa* (Beziehungen) besser erfüllen zu können.

Die *gopis* gelten als der *kavya-vyuha* Shri Radhas. Für diesen Ausdruck gibt es keine direkte deutsche Übersetzung, aber er lässt sich wie folgt erklären: Wenn eine Person gleichzeitig in mehr als einem Körper existieren könnte, so könnte man diese Körper als *kavya* („Körper") *vyuha* („Vielfalt von") bezeichnen. Mit anderen Worten, diese Körperformen sind alle ein und dieselbe Person, nehmen aber eine unterschiedliche Position in Raum und Zeit ein und haben unterschiedliche Charaktere und Emotionen. Da Radhas und Krishnas alleiniges Ziel in Ihrer gegenseitigen Liebe besteht, existieren die *gopis*, um diese Liebe zu fördern.

Die *gopis* sind in fünf Gruppen unterteilt, von denen die wichtigste die der *parama-preshtha-sakhis* (die acht Haupt-*gopis*) ist. Die *gopis* dieser Gruppe heißen Lalita, Vishakha, Chi-

Laut der Vaishnava-Schrift Bhaktiratnakara *liebten die* gopis *Krishna so sehr, dass sie ihre Körper zur Form eines Elefanten vereinten und Ihm gestatteten, auf ihnen zu reiten, um Seinen Lotosfüßen die Berührung mit dem heißen Sand in Braj zu ersparen.*

ckelt man allmählich *prema,* Liebe zu Krishna.

Die Tradition sieht die Liebe der *gopis* eindeutig als transzendentale Liebe höchsten Ranges an und weist jegliche Anschuldigungen weltlicher Liebe zurück, wobei eine klare Unterscheidung zwischen Lust und Liebe getroffen wird. Die Liebe der *gopis* ist theologisch untermauert und stellt die höchste Entwicklungsstufe spirituellen Bewusstseins dar, ähnlich wie die „Braut Christi" in der christlichen Tradition oder die „Göttin" in der kabbalistischen Mystik. *Gopi*-Liebe ist die reinste Liebe, die eine Seele für ihren göttlichen Ursprung haben kann. Die einzige Ähnlichkeit, die diese Liebe mit weltlicher Lust hat, ist rein äußerlich.

tra, Indulekha, Champakalata, Tungavidya, Rangadevi und Sudevi. Im esoterischen Schrifttum der Vaishnavas findet man viele Einzelheiten über ihr Leben und ihren Dienst, wie zum Beispiel die Namen ihrer Eltern und Gemahle, ihre Hautfarbe, ihr Alter, ihr Geburtsdatum, ihre Gemütsstimmung, ihr inneres Wesen, ihre Lieblingsmelodie, ihre Musikinstrumente und ihre engsten Freundinnen. Diese Elemente bilden die Grundlage einer inneren Meditation *(sadhana),* die den Devotee zum spirituellen Reich erheben soll. Durch solche Meditation entwi-

Tulasi Devi

Die Pflanze der Hingabe

Im allumfassenden theistischen Lehrgebäude des Vishnuismus haben sowohl apersonalistische, pantheistische, panentheistische wie auch monotheistische Vorstellungen ihren Raum. Auch animistische Auffassungen trifft man dort an; so wird zum Beispiel Phänomenen der Natur eine inhärente Göttlichkeit zugesprochen. Die Grundlage solcher Denkbilder ist die *Bhagavad-gita,* wo Krishna sich selbst als den ursprünglichen Duft der Erde beschreibt, als das Licht der Sonne und des Mondes, den blühenden Frühling, den reinen Geschmack des Wassers, usw. In der Tat, das gesamte All gilt als die „kosmische Gestalt" Krishnas.

Das wohl volkstümlichste Beispiel für solche Verkörperungen Krishnas im Reich der Natur ist Govardhan, ein felsiges Hügelland, das einst von einem stolzen Berg geziert wurde. Die Kiesel und Steine an den Halden Govardhans sind, ähnlich wie die schwarzen Shalagram-shila-Steine, den Vaishnavas heilig und werden von ihnen mit umfangreichen Ritualen minuziös verehrt. Für den Vaishnava ist dies ein Zeugnis für die Zugänglichkeit des Herrn.

Krishnas Geweihte inkarnieren sich bisweilen in externen Objekten, um sich Ihm zu nähern. Ein Beispiel hierfür ist Tulasi. Tulasidevi, eine pflanzliche Gestalt Vrindadevis, der Göttin des Waldes von Vrindavan, kommt in diese Welt herab, auf dass ihre Blätter einen Platz an den Lotosfüßen Krishnas erhalten mögen. Ihre Zuneigung zu Krishna ist so stark, dass sie es nicht dulden mag, wenn ihre Blätter und Zweige den Füßen von jemand anders dargebracht werden. Eine weitere Verkörperung Tulasis sind die reinigenden Wasser des Flusses Gandaki, aus dessen Bett auch die oben genannten Shalagram-shilas stammen.

In ihrer Form als Vrindadevi ist Tulasi die Verkörperung von Lila-shakti, der Energie des Herrn, die für Seine „Spiele" zuständig ist. Sie trifft sorgfältige Vorkehrungen für Seine Zufrieden-

stellung: Sie schmückt den Wald Vrindavans mit duftenden Blumengirlanden und sorgt für melodische Klänge, um für den Treffpunkt Radhas und Krishnas eine zauberhafte Idylle zu gewährleisten. Alles – auch Wetter, Flora und Fauna – muss genau Radhas und Krishnas Geschmack entsprechen. Vrindadevi und ihre zahlreichen Dienerinnen schaffen die Voraussetzungen für das Wohlbehagen des göttlichen Paars.

ACHT NAMEN

Da Tulasi Krishna so lieb ist, preisen Vaishnavas oft ihre acht segenspendenden Namen: Vrindavani („diejenige, die im Wald Vrindavans erscheint"); Vrinda („diejenige, die in der Gestalt von Pflanzen oder Bäumen erscheint"); Vishva-pujita („diejenige, die im gesamten All verehrt wird"); Pushpasara („die vortrefflichste aller Blumen"); Nandini („diejenige, die Freude und Glauben spendet"); Krishnajivani („diejenige, die Krishna Leben spendet"); Vishva-pavani („diejenige, die das gesamte All läutert"); und Tulasi („diejenige, deren Schönheit unvergleichlich ist").

Anmerkungen

1. *Tulasi* (Ocimum sanctum L.) *gehört zur gleichen Familie wie das Basilienkraut.*

„Der Höchste Herr ist Krishna, und die Halbgötter sind mit verschiedenen Kräften ausgestattet, um die materielle Welt zu lenken. Die Halbgötter sind Lebewesen mit verschiedenen Graden materieller Macht. Sie können niemals dem Höchsten Herrn, der Narayana, Vishnu oder auch Krishna genannt wird, gleichkommen."

— His Divine Grace A. C. Bhaktivedanta Swami Prabhupada
(*Bhagavad-gita wie sie ist* 4.12, Erläuterung)

DIE HALBGÖTTER

4

Die Halbgötter
Diener Krishnas

Im Hindu-Pantheon gibt es 33 Millionen Götter *(devas)*. Im Vishnuismus werden sie als Halbgötter bezeichnet. Damit ist nicht, wie etwa in der griechischen Mythologie, der gemeinsame Nachwuchs von Göttern und Menschen gemeint. Vielmehr soll darauf angespielt werden, dass sie nicht Gott selbst sind, sondern besonders ermächtigte Wesen. Wie bedeutend sie selbst und ihre bestimmten Aufgaben in dieser Welt auch sein mögen, sie bleiben Gott immer untergeordnet. Folglich ist der Halbgötterkult letztlich unangemessen; Verehrung ist dem Höchsten Herrn selbst vorbehalten.

Aus diesem Grunde sagt Shri Krishna: „Wer sich anderen Göttern (Halbgöttern) weiht und sie mit Glauben verehrt, verehrt in Wahrheit Mich, o Sohn Kuntis. Nur tut er dies mit unvollkommenem Verständnis.“ (*Bhagavad-gita* 9.23) Das genaue Wort, das Krishna benutzt, ist *avidhi-purvakam* – auf unangemessene, nicht autorisierte Weise“. Er sagt des Weiteren: „Die Menschen dieser Welt wünschen sich materiellen Erfolg, und deshalb verehren sie die Halbgötter.“ (*Bhagavad-gita* 4.12) Mit anderen Worten, Halbgottverehrung entspringt materiellen Motiven. Vaishnava-Kommentatoren haben erklärt, dass materielle Gewinne den Menschen nie wirklich zufrieden stellen können, da er letztlich ein spirituelles Wesen ist. Außerdem weisen sie darauf hin, dass jemand, der die Halbgötter anbetet, dies zu spirituellen Zwecken tun sollte. So könne man beispielsweise Ganesh, den Beseitiger von Hindernissen, darum bitten, Hindernisse auf dem Pfade der Gotteserkenntnis zu beseitigen. Allerdings wird in der Vaishnava-Tradition betont, dass selbst das nicht nötig sei, da alle Segnungen letztlich von Krishna kämen.

DIE STELLUNG DER HALBGÖTTER NACH AUSSAGE DER BRAHMA-SAMHITA

Um die Oberhoheit Krishnas und die untergeordnete Stellung der Halbgötter zu verdeutlichen, verfasste der Halbgott Brahma ein Gedicht namens *Brahma-samhita*. Der Gaudiya-Vaishnava-Heilige Bhaktisiddhanta Sarasvati Thakur schreibt in seinem Kommentar zu diesem bedeutenden Werk:

In der *Brahma-samhita* wird der Pfad des Panchopasana [die traditionelle Verehrung der fünf Götter Vishnu, Surya, Ganesh, Durga und Shiva] nicht anerkannt. ... Die Verehrung Vishnus, wie sie im Panchopasana dargelegt ist, gereicht Vishnu nicht zur Freude; im Gegenteil, sie ist eine Irrlehre höchsten Ranges. ... Die Verehrung Vishnus als einer von fünf Gottheiten untergräbt Seine unangefochtene Oberhoheit und stellt Ihn anderen Gottheiten gleich, was ein grobes spirituelles Vergehen darstellt ... Es ist die ewige Pflicht aller *jivas* [Lebewesen], [ausschließlich] Krishna, dem Höchsten Herrn, zu dienen. Alle anderen Gottheiten sind Seine Diener. Wer den anderen Gottheiten und ihren Namen den gleichen Rang einräumt wie Vishnu selbst, anstatt sie als Seine Diener zu betrachten, kann nie und nimmer Befreiung erlangen. In fünf *shlokas* der *Brahma-samhita* wird das Wesen der fünf Gottheiten klar beschrieben ...: 1. „Ich [Brahma] verehre Govinda, den urersten Herrn, auf dessen Geheiß der Sonnengott, der König der Planeten und das Auge dieser Welt, durch das All reist und so das Rad der Zeit dreht." 2. „Ich verehre Govinda, den urersten Herrn, dessen Lotosfüße Ganesh stets auf seinem Haupte trägt, um seine Aufgaben bei der Beseitigung der Hindernisse in allen drei Welten erfolgreich bewältigen zu können." 3. „Ich verehre Govinda, den urersten Herrn, nach dessen Willen Durga, Seine äußere Energie, ihre Funktion der Schöpfung, Erhaltung und Vernichtung dieser Welt erfüllt." 4. „Ich verehre Govinda, den urersten Herrn, der sich selbst als Shambu [Shiva] verkörpert, um das Werk der Zerstörung der Welt zu verrichten, ähnlich wie Milch, die zu Joghurt umgewandelt wird – der weder das Gleiche ist wie Milch noch etwas anderes." 5. „Ich verehre den urersten Herrn, Govinda, der sich selbst als Vishnu verkörpert, ähnlich wie eine brennende Kerze, die eine zweite Kerze zum Brennen bringt: Obwohl das Licht der zweiten Kerze getrennt von der ersten existiert, ist es doch von gleicher Art wie das Licht der ersten Kerze."[1]

Anmerkungen

1. *Bhaktisiddhanta Sarasvati,* Shri Chaitanya's Teachings, *Shree Gaudiya Math, Madras, 1934, S. 309–311.*

SHIVA

Shiva, der Asket im Aschekleid und der Fürst der Yogis, ist eine der meistverehrten Gottheiten Indiens. Um seinen Hals trägt er eine Girlande aus Totenschädeln; in einer Hand hält er eine Schlange, in der anderen einen Dreizack. Unter den Namen Mahadeva („großer Gott") und Nataraja („Herr der Tänzer") wird Shiva („der Gnädige") in heiligen Städten wie Benares angebetet, wo seine Verehrer ihm ihr Leben weihen. Ein Vers aus den heiligen Schriften erklärt Shivas Beziehung zum Höchsten: „Der Ganges ist der beste aller Flüsse, Achyuta (Krishna) die höchste aller Gottheiten und Shambhu (Shiva) der größte Vaishnava."

–*Shrimad Bhagavatam* 12.13.16

Die Anhänger Shivas, die Shivaiten, glauben jedoch, Shiva sei nicht nur der größte Gottgeweihte, sondern Gott selbst. Diese Ansicht ist nicht ganz unbegründet, denn zum Beispiel erklärt Vishnu selbst im *Shrimad Bhagavatam* (4.7.50): „Brahma, Shiva und Ich sind der Urgrund der materiellen Schöpfung. In gewissem Sinne sind wir eins, aber letztlich bin allein Ich die Überseele, der Ungeborene, der Zeuge allen Geschehens." Mit anderen Worten, die drei Gottheiten sind eins, denn sie alle sind *avatars*, Erweiterungen des Höchsten zum Zwecke der Schöpfung, Erhaltung und Vernichtung. In dieser Funktion werden sie als *guna-avatars* bezeichnet, als Beherrscher der Erscheinungsweisen der Leidenschaft (verkörpert durch Brahma, den Schöpfer), der Tugend (verkörpert durch Vishnu, den Erhalter) und der Unwissenheit (verkörpert durch Shiva, den Zerstörer). Alle drei gelten als Aspekte der gleichen einen Gottheit.

Das *Mahabharata* (*Anushasana-parva* 135) bestätigt ebenfalls, dass Vishnu und Shiva nicht verschieden voneinander sind, und führt sogar die Namen Shiva, Sharva, Sthanu, Ishana und Rudra – die tradi-

tionsgemäß Shiva zugerechnet werden – in der Liste der eintausend Namen Vishnus auf. Eine solche Gleichstellung Shivas mit dem Höchsten Herrn, Vishnu, hat in vielen den Glauben erweckt, dass die Götter, von denen in den vedischen Schriften die Rede ist, letztlich eins seien.

Bei genauerer Betrachtung der Schriften wird man jedoch feststellen, dass es sehr wohl auch Gründe gibt, zwischen Shiva und Vishnu zu unterscheiden. Nach Aussage der *Bhagavad-gita*, deren Autorität von praktisch allen Transzendentalisten Indiens – Vaishnavas wie Shivaiten – anerkannt wird, ist Vishnu (Krishna) der urerste Herr, dem sich sogar Shiva beugen muss. Krishna bezeichnet sich selbst als den Ursprung aller materiellen und spirituellen Welten (10.8). Arjuna bestätigt ebenfalls, dass Krishna der Höchste ist (10.12). Bereits im *Rig Veda* wird Vishnus (und damit Krishnas) Oberhoheit klar herausgestellt: „Die Lotosfüße Vishnus sind das höchste Ziel aller Halbgötter. Diese Lotosfüße des Herrn sind so strahlend wie die Sonne am Himmel." (*Rig Veda Samhita* 1.22.20)

In seinem Kommentar zum *Shrimad Bhagavatam* (3.9.16) sagt Shrila Prabhupada: „Der Herr erweitert sich in drei Formen – Vishnu, Brahma und Shiva – zum Zwecke der Erhaltung, Schöpfung und Vernichtung. Von diesen drei Hauptgottheiten der Erscheinungsweisen der materiellen Natur ist Vishnu der Allmächtige. Obwohl Er zum Zwecke der Erhaltung in die materielle Natur herabsteigt, bleibt Er von deren Gesetzen ungebunden. Die anderen beiden, Brahma und Shiva, sind zwar fast ebenso mächtig wie Vishnu, unterstehen jedoch der Herrschaft der materiellen Energie des Höchsten Herrn."

SHIVA LINGAM

Eine ungewöhnliche Verehrung Shivas ist der Kult des so genannten *lingam*, eines ikonisches Bildnisses in Form von Shivas Genital. Die asketischen Lingayats, auch Vira-Shivas genannt, sind besonders in Südindien verbreitet. Sie tragen kleine *shiva-lingams* (Phallussymbole) an ihrem Körper. Damit wollen sie sich an ihre eigene „Shiva-Natur" erinnern, die nach ihrem Glauben durch strenge Askese und Yoga-Übungen erweckt werden kann.

Der *shiva-lingam*-Kult hat einen interessanten Ursprung. Eines Tages bekam Shivas Gemahlin Parvati Mitleid mit einer Gruppe von Weisen, die in ihrer Waldbehausung strenge Askese übten. Sie bat Shiva, ihnen höhere Erkenntnis zu gewähren und sie von ihren Bußübungen zu erlösen. Shiva aber weigerte sich, denn er war der Ansicht, die Weisen seien noch nicht frei von Zorn. Zum Beweis erschien er als gut aussehender Yogi in dem Wald und verführte die Frauen der Weisen. Zornentbrannt griffen die Weisen Shiva an und kastrierten ihn. Sobald sie dies getan hatten, verschwand der Yogi, und der gesamte Kosmos erbebte. Da erkannten die Weisen ihren Fehler und baten Shiva, er möge ihnen vergeben und die Welt verschonen. Shiva erklärte sich bereit, ihnen zu vergeben, unter der Bedingung, dass die Weisen ihn von nun an in Form seines *lingam* verehrten.

Heutige Shiva-Verehrer fertigen *lingams* meist aus Stein, Marmor oder Metall an. Es gibt aber auch *lingams* aus Sand oder Kies, und manchmal werden sogar *lingams* in Form von Ameisenhügeln verehrt. Solchen natürlichen Formationen, wie etwa auch dem Amarnath Lingam, einem nie schmelzenden Eisgebilde, wird die höchste Achtung erwiesen.

DURGA

Durga ist die Göttin der materiellen Schöpfung. Ob sie nun bei ihrem griechischen Namen (Gaia) genannt wird, bei ihrem afrikanischen (Oshun), ihrem ägyptischen (Isis) oder einem der Hunderte anderer Namen, unter denen sie auf der ganzen Welt bekannt ist – es handelt sich immer um die gleiche Göttin. Sie ist Mutter Erde, im Sanskrit Bhu genannt. In der *Brahma-samhita* (5.43) wird erklärt, dass die materielle Welt der Schauplatz ihres Dienstes ist. Es heißt dort weiterhin, dass es vier Ebenen der Existenz gibt.

Die höchste Ebene ist Krishnas heimatliches Gefilde, das Herzstück des Gottesreiches. Darunter befindet sich Haridham (Vaikuntha) – noch immer die spirituelle Welt, aber nicht mehr ganz so erhaben wie Krishnas Reich. Noch weiter unten liegt Maheshdham, der Aufenthaltsort Shivas und seiner Geweihten. Schließlich gibt es dann noch Devi-dham, die materielle Welt, wo die Göttin (die Mutter des Universums) ihren Einfluss auf die dortigen Lebewesen ausübt. Devi-dham ist in vierzehn Planetensysteme aufgeteilt. Die *Brahma-samhita* weiß Folgendes über die Göttin zu sagen: „Die äußere Energie [des Herrn], Maya, die vom Wesen her ein Schatten der *chit*-[Wissens-]Energie ist, wird von allen Menschen als Durga verehrt, die erschaffende, erhaltende und vernichtende Macht dieser Welt. Ich verehre den urersten Herrn, Govinda, nach dessen Willen Durga sich in ihrem Tun richtet."

In dem soeben zitierten Vers wird die Obergottheit Devi-dhams mit Namen genannt – Durga, eine Göttin, deren äußere Erscheinung sowohl furchterregend als auch symbolisch ist. Oft wird sie mit zehn Armen dargestellt, die zehn Arten karmischen Handelns verkörpern. Sie reitet auf einem wilden Löwen, der für ihr Heldentum steht, und zertrampelt dabei Mahishasura – einen Büffeldämon, der die Laster symbolisiert, die von ihr vernichtet werden. Durga ist die Gemahlin Shivas. Sie hat zwei Söhne, Karttikeya und Ganesh, welche Verkörperungen von Schönheit bzw. Erfolg sind. Außerdem hält sie in ihren Händen eine Schlange, die den nagenden Einfluss des Zahns der Zeit darstellt, sowie zwanzig verschiedene Waffen – die zwanzig Arten frommer Handlungen, die in den Veden zur Bekämpfung von Untugenden empfohlen werden.

Durga inkarniert sich in mannigfachen Formen. Obwohl diese Formen,

wie Kali und Uma, als getrennte Gottheiten mit eigenen Merkmalen verehrt werden, sind sie dennoch Aspekte ein und derselben Göttin. Mit anderen Worten, wenn in Indien von „der Göttin" die Rede ist, ist meist eine von vielen sich teilweise deckenden weiblichen Gottheiten gemeint: Durga, Kali, Mahadevi, Mayadevi (die Herrin der materiellen Energie).

Als Shivas Gemahlin ist Durga unter verschiedenen Namen bekannt: Parvati, Gauri, Uma, Devi, Bhavani usw. Ihre Merkmale sind vielfältig und treten unterschiedlich in Erscheinung, je nach der Verehrungsart ihrer Geweihten. Gauri, Uma und Parvati sind am gütigsten und werden auch dementsprechend dargestellt, wohingegen Durga oft als heroische Kampfgöttin abgebildet wird, manchmal sogar mit blutdürstigen Zügen. Allerdings nimmt ihr Blutdurst nie so drastische Formen an wie der ihrer Erweiterung Kali, die die Nutznießerin ritualistischer Tieropfer ist.

Die Göttin wird mit *prakriti*, der materiellen Natur, und *maya*, der Illusion, gleichgesetzt. Folglich ist sie auch als Mulaprakriti („die Verkörperung der Urmaterie") und Mahamaya („die große Illusion") bekannt. Dies führt zu einem bemerkenswerten Punkt. Krishna sagt nämlich in der

Bhagavad-gita (9.10): „Die materielle Energie *[prakriti]* untersteht Meiner Aufsicht, o Sohn Kuntis, und bringt alle Lebewesen – bewegliche und unbewegliche – hervor." *Prakriti* ist Durga. Krishna ist also der Herr und Gebieter Durgas, und für denjenigen, der das nicht anerkennt, wird Durga zu Mahamaya, der großen Illusion.

Die Göttin Durga in einer ihrer grausigen Erscheinungen

Mayadevi und ihr Gemahl Shiva

Maya: Die täuschende Energie

Die Grundbedeutung von *maya* ist schlicht „Illusion“. Im weiteren Sinne bezieht sich dieses Sanskritwort allgemein auf die „materielle Existenz“. Das heißt jedoch nicht etwa, dass die gesamte materielle Existenz illusorisch sei.

Dazu schreibt Fritjof Capra in *Das Tao der Physik:*

„Maya bedeutet … nicht, dass die Welt eine Illusion ist, wie oft fälschlicherweise behauptet wird. Die Illusion liegt lediglich in unserer Betrachtungsweise … Maya ist die Illusion, [unsere relative Sichtweise] für das Wirkliche zu halten, die Landkarte mit dem Land zu verwechseln.“

Shrila Prabhupada definierte *maya* als „das, was nicht ist“, während sein Lehrer, Shrila Bhaktisiddhanta Sarasvati Thakur, sie als „das Messbare“ definierte. Diese beiden Definitionen scheinen widersprüchlich zu sein. Wie kann etwas messbar sein, was gar nicht existiert?

Die Antwort lautet: Die materielle Welt existiert sehr wohl, ist aber vergänglich. Sie gleicht einem Traum, der eine Zeit lang Bestand hat, dann jedoch dahinschwindet. Wenn Prabhupada *maya* als „das Nichtexistente“ bezeichnet, meint er damit das undauerhafte Wesen der materiellen Existenz. Sie „ist nicht“, denn schon bald wird sie sich in Schall und Rauch auflösen.

Auch Bhaktisiddhanta Sarasvatis Definition *mayas* bezieht sich auf die materielle Existenz: Materielle Dinge sind messbar, spirituelle hingegen sind ohne Ende. Die materielle Energie ist *per definitionem* vergänglich und begrenzt (messbar), die spirituelle dagegen ewig und unbegrenzt (unmessbar). Obwohl also Prabhupada und sein Lehrer bisweilen unterschiedliche Ausdrücke benutzen und das Thema von verschiedenen Seiten her betrachten, beschreiben letztlich beide *maya* auf die gleiche Weise, nämlich als das Grundprinzip der materiellen Existenz.

Die Halbgöttin Maya (auch Kali oder Durga genannt) ist die Verkörperung der materiellen Existenz. Shaktas (ihre Verehrer) preisen sie als die höchste Göttin, die Mutter der Schöpfung. Interessanterweise sind die Wörter „Mutter" (sanskr.: *mata;* lat.: *mater*) und „Materie" etymologisch miteinander verwandt. Es besteht also bereits ein sprachlicher Zusammenhang zwischen der Göttin und der materiellen Natur.

„Die Göttin Durga", schreibt Prabhupada, „ist die führende Gottheit der materiellen Welt, welche aus materiellen Elementen besteht. Die Halbgötter sind als kosmische Verwalter für bestimmte Aktionsbereiche der materiellen Welt verantwortlich, und sie alle unterstehen dem Einfluss der materiellen Energie, Maya."

Durga (Mayadevi) bedeckt die Lebewesen mit ihrer mystischen Kraft und ermöglicht ihnen somit, ihre Illusionen in der materiellen Welt auszuleben. Wenn sich jedoch ein Lebewesen wieder dem spirituellen Bewusstsein zuwendet, wird Mayadevi sich als Yogamaya zeigen, ihr eigenes spirituelles Gegenstück. Yogamayas Aufgabe in der materiellen Welt ist genau das Gegenteil von Mayas Aufgabe. Während Maya eine Situation erschafft, in der das Lebewesen ein illusorisches Dasein in Gottvergessenheit führen kann, sorgt Yogamaya für eine Atmosphäre, in der das Lebewesen die Illusionen der Welt durchschauen und sich einer vertraulichen Beziehung mit dem Urgrund allen Daseins erfreuen kann.

Die ehrfurchtgebietende Göttin wird oft mit vielen Armen dargestellt. Sie reitet auf einem wilden Tier und beeinflusst die Bewohner der materiellen Welt.

Ganesh
Die Gottheit mit dem Elefantenhaupt

Ganesh, die Gottheit mit dem Elefantenhaupt, wird weltweit von einer Milliarde Hindus verehrt. Oft sieht man sein Abbild an Pforten und Türen prangen, sozusagen als Schutzpatron des Hauses; denn es heißt, er räume Hindernisse aus dem Weg und wirke üblen Einflüssen entgegen. Außerdem wird er direkt vor Beginn religiöser Zeremonien verehrt – im privaten wie im öffentlichen Rahmen – und ist somit als der „Herr der Anfänge" bekannt.

Mit seinem menschlichen Rumpf, seinem Elefantenhaupt und seinem runden Bauch ist er von allen Halbgöttern wohl am leichtesten zu erkennen. Bildliche Darstellungen von ihm findet man an den Wänden von Tempeln, Geschäften und Wohnungen in ganz Indien. Er wird im Stehen, im Sitzen oder auch in Tänzerpose abgebildet, wobei sein fröhliches Elefantenantlitz stets geradeaus blickt. Als Vyasadevas Sekretär schrieb er einen Teil der vedischen Literatur nieder, wobei ihm Vyasadeva Vers für Vers diktierte. Folglich wird er manchmal mit Stift und Palmblatt dargestellt. Ihm fehlt ein Stoßzahn, und auf manchen Abbildungen sieht man, wie Ganesh einen Teil davon in einer seiner vier Hände hält. In einer anderen Hand hält er ein Beil *(parashu)*, das nach Aussage einiger Schriften dafür bestimmt ist, „Illusionen und Irrlehren zu zerhacken". Mit einer weiteren Hand drückt Ganesh Furchtlosigkeit und Beruhigung aus *(varada-hasta-mudra)*. Außerdem hält er einen Stock *(ankusha)*, so wie ihn gewöhnlich Elefantenbändiger tragen. Dieser Stock steht für Ganeshs Beharren auf guter Schulung *(sadhana)* und spiritueller Disziplin. Oft sieht man Ganesh mit einer Schlinge *(pashu)* in der Hand, wie sie zum Abrichten wilder Tiere benutzt wird; damit soll die Beherrschung von Lust und Leidenschaft angedeutet werden. Und manchmal wird Ganesh auch mit Süßigkeiten *(modaka)* in der Hand dargestellt, denn dafür soll er eine übermäßige Vorliebe haben – was seinen wohlgenährten Bauch erklärt.

Nach Aussage der vedischen Schriften ist Ganesh ein „Sohn" Shivas und Parvatis, wenn auch nicht im herkömmlichen Sinne. In einer Version seiner Geburtsgeschichte kann man lesen, dass Shiva aus seinem eigenen Leib einen

Sohn „hervorbringt". Das Kind wächst zu einem stattlichen Knaben von charmantem Wesen heran und wird schließlich ein Frauenheld. Parvati ist von den Affären ihres Sohnes nicht sonderlich begeistert und verflucht ihn schließlich dazu, seine Schönheit einzubüßen. So bekommt Ganesh den Kopf eines Elefanten und einen dicken Bauch. Ganesh ist entsetzt, da das Ende seines Lieblingshobbys damit besiegelt scheint. Nach einiger Zeit aber findet er zwei Frauen, die sich von seiner körperlichen Unvollkommenheit nicht täuschen lassen und seine Gemahlinnen werden: Buddhi („Weisheit") und Siddhi („Erfolg"). Im Laufe der Zeit wird Ganesh der Herr von Shivas Gefolge. Da er sich einen Namen macht als jemand, der Halbgöttern und Gottgeweihten Hindernisse aus dem Wege räumt und Dämonen Hindernisse in den Weg legt, wird er auch Vinayaka („der Beseitiger [von Hindernissen]") und Vighneshvara („Herr der Hindernisse") genannt.

Nach einer anderen, volkstümlicheren Version von Ganeshs Geschichte wünscht sich Parvati einen Schutz vor ihrem leidenschaftlichen Gemahl, besonders beim Bade. Folglich erschafft sie aus ihrem eigenen Schweiß einen Sohn und ernennt ihn zu ihrem persönlichen Kammerwächter. Bald darauf nähert sich Shiva, um Parvatis Privatgemächer zu betreten. Ganesh, der ihn nicht kennt, verwehrt ihm den Zutritt und stößt ihn gewaltsam zurück. Shiva, der sich keinerlei Beleidigungen gefallen lässt, bebt vor Zorn und ruft seine Diener (die *ganas*) herbei, die diesen allzu gewissenhaften Wächter aus dem Wege schaffen sollen. Doch Ganesh besiegt sie alle, einen nach dem anderen. Schließlich erscheint Vishnu am Ort des Geschehens. Mit Hilfe Seiner mystischen Kräfte (*shakti*) ruft Er allgemeine Verwirrung hervor und ermöglicht es somit Shiva, Ganeshs Kopf abzuschlagen. Als Parvati sieht, was mit ihrem „Sohn" geschehen ist, gerät sie in Rage. Sie beschließt, eine große Schar von Göttinnen auf die Halbgötter zu hetzen. So macht Parvati den erlauchten Göttern klar, dass sie ihre Königin nur dann besänftigten können, wenn sie ihren Sohn und Wächter wieder zum Leben erwecken. Notgedrungen willigt Shiva ein und befiehlt den Göttern, nach Norden zu gehen und dem ersten Lebewesen, dem sie begegnen, den Kopf abzuschlagen. Dieser Kopf solle dann auf mystische Weise auf den Rumpf des gerade enthaupteten Ganesh gesetzt werden, der dann wieder zu Bewusstsein käme. Wie es das Schicksal so wollte, war das erste Lebewesen, das den Göttern über den Weg lief, ein Elefant.

Alle Religionen enthalten Elemente, die die Grenzen von Logik und Vernunft überschreiten.

Wem nun die Geschichte von Ganesh phantastisch oder unglaublich erscheint, der sollte sich nach dem Grund dafür fragen: Alles andere würde dem Wesen Ganeshs widersprechen!

Brahma
Das erste Geschöpf

Nach Darstellung der *Puranas* beginnt die Schöpfung des materiellen Kosmos mit Brahma, einem vielköpfigen Halbgott, der den höchsten Planeten des Alls (Brahmaloka) bewohnt. Einer seiner Namen ist Pitamaha, der Großvater, denn er ist das ersterschaffene Lebewesen und der ursprüngliche Lehrer (Guru) der Weisen.

Vaishnavas achten Brahma als eine Erweiterung des Herrn (*guna-avatar*), zuständig für die Erscheinungsweise der Leidenschaft. Brahmas leidenschaftliches Wesen findet auch seine praktische Anwendung, und zwar im Werk der Schöpfung. Er ist der Schöpfergott und der Urahn der Menschheit, während Vishnu als Gott der Erhaltung die Erscheinungsweise der Tugend beherrscht. Shivas Aufgabe ist die Zerstörung, und er ist der Herr der Erscheinungsweise der Unwissenheit. Im volkstümlichen Hinduismus gelten die Mitglieder dieser Triade von *avatars (trimurti)* als gleichrangige Verkörperungen ein und desselben Gottes. Bei aufmerksamem Studium der Schriften zeigt sich jedoch, dass Halbgötter wie Shiva und Brahma dem Höchsten Herrn (Vishnu bzw. Krishna) untergeordnet sind.

Brahmas Erleuchtung wird im *Shrimad Bhagavatam* (2.9) beschrieben. Zu Beginn der Schöpfung wird er auf einer Lotosblume geboren, die dem göttlichen Nabel Vishnus entsprießt. Allein in der Fremde dieser neuen Welt, versucht er etwas über seinen eigenen Ursprung herauszufinden, denn er weiß weder, wer er ist, noch kennt er den Sinn des Lebens. So steigt er am Stängel des Lotos herab, findet aber keine Antwort auf seine Fragen. Schließlich vernimmt er die Stimme seines Herrn und Meisters, Vishnu, der zwei Silben ausspricht: „*ta-pa*" (wörtlich „Askese" und „Buße"). Brahma, der die Bedeutungstiefe dieser Silben erkennt, fügt sich der Stimme aus dem All und versenkt sich für eintausend himmlische Jahre (das entspricht einigen Milliarden Erdenjahren) in Meditation. Schließlich ist es ihm vergönnt, das Reich des Herrn und dann den Herrn selbst zu schauen. Der Höchste spricht daraufhin die vier ursprünglichen Verse des *Shrimad Bhagavatam*, die den Sinn des Lebens beschreiben. Die Läuterung, die Brahma durch das Hören der Stimme des Herrn erfährt, ermöglicht es ihm, das materielle Universum zu erschaffen.

In seiner *Brahma-samhita* (5.24–29) fügt Brahma der *Bhagavatam*-Version von der Geschichte seiner Erleuchtung einige weitere Details hinzu. Nach eigener Darstellung ist er zu Beginn der Zeiten in völlige Dunkelheit gehüllt und kann sich nicht vorstellen, wie er seinen Dienst als Schöpfer des Universums in Angriff nehmen soll. Da erscheint auf einmal Sarasvati, die göttliche Gemahlin des Höchsten Herrn, vor dem verwirrten Brahma. Sie unterweist ihn in der Meditation über das vertrauliche *kama-bija-mantra* und verspricht ihm, dass er durch das wiederholte Rezitieren dieses Mantras alles erhalten werde, was er brauche. Brahma meditiert einhundert himmlische Jahre lang über dieses Mantra und hört am Ende den Klang von Krishnas Flöte. Beim Versuch, diesen Klang mit seinen eigenen Lippen nachzuahmen, bringt er zu seinem Erstaunen das esoterische *kama-gayatri-mantra* hervor. Dieses Mantra befreit ihn von aller Illusion, und er findet die Kraft, mit der ihm von Krishna anvertrauten Aufgabe der Schöpfung des Universums fortzufahren.

Jeden seiner Tage beginnt Brahma mit einer Meditation über den Höchsten Herrn. Er bittet Ihn darum, dass es ihm vergönnt sein möge, seinen Dienst der Schöpfung der materiellen Welt auszuführen, ohne von seinen Werken materiell beeinflusst zu werden, denn so gelänge es ihm vielleicht, seinen Schöpferstolz aufzugeben (*Shrimad Bhagavatam* 3.9.23). Aufgrund dieser und ähnlicher Aussagen wird Brahma im Gegensatz zu anderen Halbgöttern nur selten für den Höchsten Herrn gehalten.

SARASVATI

DIE GÖTTIN DES LERNENS

Bereits in den ältesten vedischen Schriften wird Sarasvati als die Weisheit in Person gepriesen. Ihr Ruhm hat auch auf die buddhistische Tradition übergegriffen, in der sie als die Gemahlin Manjushris, des Gottes der Weisheit, bekannt ist. Das *Shrimad Bhagavatam* (1.2.4) verkündet, dass ihr Name vor jedem Rezitieren dieser heiligen Schrift angerufen werden sollte. Damit wird ihr eindeutig eine Sonderstellung unter den Göttern eingeräumt – wieder ein Hinweis, dass das Weibliche in der Vaishnava-Tradition keine untergeordnete Rolle spielt.

Nach Aussage der *Puranas* inkarnierte sich Sarasvati sowohl als Gemahlin Brahmas wie auch als der heilige Fluss Sarasvati. In Brahmas Verwirrung über seine Schöpfungsaufgaben war es Mutter Sarasvati, die ihm zu Hilfe kam (*Brahma-samhita* 5.24–25). Sie gab ihm das Gayatri-Mantra und versicherte ihm, dass allein durch die Meditation über dieses Mantra all seine Wünsche in Erfüllung gehen würden. Wie bereits erwähnt, folgte Brahma ihrem Rat, und so wurde der materielle Kosmos erschaffen.

Auf bildlichen Darstellungen trägt Sarasvati elegante weiße oder rote Gewänder und sitzt meist auf einer Lotosblume. In ihren Händen hält sie ein Buch (als Symbol der Gelehrtheit), *japa*-Perlen (die, ähnlich wie ein Rosenkranz, zum Zählen von Gebeten benutzt werden) und eine *vina* (ein traditionelles indisches Saiten-

instrument). Im *Rig Veda* hat Sarasvati eine Beziehung zur Göttin des Klangs (Vak) und wird oft auch als Göttin der Musik bezeichnet. Oft reitet sie auf einem Schwan, manchmal aber auch auf einem Widder, einer Eule, einem Papagei oder einem Pfau. Sie ist die Essenz allen Wissens. Das Entstehen von Gedanken, die sich zu ergötzlichen, kunstvollen Worten formen, ist auf ihre Gnade zurückzuführen.

DER FLUSS SARASVATI

Die berühmte Sarasvati fließt durch den Norden Indiens, und laut dem *Mahabharata* (*Adi-parva* 16.19) wird jeder, der von ihrem Wasser trinkt, von aller Sünde befreit. Leider ist der Fluss nicht so leicht ausfindig zu machen. Vor Tausenden von Jahren, während der Zeit des *Rig Veda,* war der genaue Verlauf der Sarasvati offenkundig, doch heute ist der Fluss de facto unsichtbar. Jedenfalls wird man auf einer Erkundungsreise durch Nordindien vergeblich nach ihm suchen. Allerdings heißt es, dass große Yogis ihn noch heute sehen können, wenn sie nach Allahabad pilgern, dem Ort des Zusammenflusses von Sarasvati, Ganges und Yamuna.

Geologischen Zeugnissen nach zu urteilen ist die Sarasvati (im geologischen Fachjargon Ghaggar-Hakra genannt) um 1900 v. Chr. ausgetrocknet. Mit Hilfe von Infrarotaufnahmen aus dem All ist es jedoch gelungen, den einstmaligen Verlauf des Flusses zu rekonstruieren. Demnach soll die Mündung der Sarasvati nahe dem Golf von Katsch gelegen haben, gleich neben der Wüste Tharr. Pilger können also immerhin die Gegend besichtigen, wo der heilige Fluss einst den Durst selbstverwirklichter Seelen stillte.

Hanuman

Der Anblick von Affen ist in großen Teilen Indiens nichts Ungewöhnliches. Dem Hulman, einem hoch gewachsenen Schlankaffen mit hellgrauem Fell, langem Schwanz und tiefschwarzem Gesicht, begegnet man sowohl in den Wäldern als auch in Ruinen und an Pilgerstätten. Es heißt, er sei ein moderner Abkömmling des Affenhelden Hanuman, der als Diener des Gottes Rama berühmt ist.

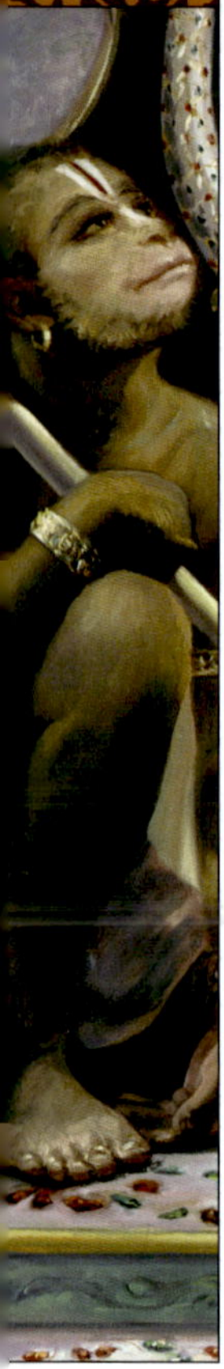

Hanuman gehört zu den beliebtesten heiligen Persönlichkeiten Indiens. Auf bildlichen Darstellungen sieht man ihn oft mit gefalteten Händen vor seinem Herrn (Ramachandra) knien, daneben Sita (Ramas Gemahlin) und Lakshman (Ramas Bruder).

In Valmikis *Ramayana* taucht Hanuman zum ersten Mal im vierten Buch *(Kishkindha-kanda)* auf, doch erst im fünften Buch *(Sundara-kanda)* rückt er ins Rampenlicht. Dort erfahren wir von seiner vorbildlichen Hingabe an Sita und Rama. Manchmal wird Hanuman sogar dargestellt, wie er sich die Brust aufreißt, um Ramas Bild in seinem Herzen zu offenbaren. Auf anderen Abbildungen sieht man ihn mit einem Felsen des Himalaya durch die Lüfte fliegen oder mit seiner typischen Handstellung *(mudra)* die Furcht vertreiben *(abhaya)* und Segnungen geben *(varada)*.

Im letzten Buch des *Ramayana (Uttara-kanda)* berichtet der Weise Valmiki von Hanumans Geburt und Kindheit. Als kleines Kind hielt Hanuman einst die Sonne für eine Frucht. Bei seinem Versuch, nach der Sonne zu greifen, schmetterte ihn der Halbgott Indra zur Erde hernieder und brach ihm mit einem Donnerkeil den Kiefer. Hanumans Vater, der Windgott, hatte Erbarmen mit seinem Sohn und veranlasste andere Götter dazu, ihn mit Segnungen zu überschütten. So erklären sich Hanumans außergewöhnliche Körperkraft und seine übernatürlichen Fähigkeiten. In seinem jugendlichen Übermut zerstörte Hanuman später die Ashrams von Waldasketen, die ihn dazu verfluchten, seine besonderen Kräfte so lange zu vergessen, bis er Ramachandra begegnete. Dann würde er sich eines Besseren besinnen und seine Kräfte nur noch zum Wohl aller einsetzen.

Hanuman war tat-

Ein Geweihter Hanumans als Darsteller des heldenhaften Affen bei einer Aufführung des Ramayana

ZEIT & RAUM 5

„Ich bin die mächtige, Welten zerstörende Zeit ...“

— Shri Krishna

Bhagavad-gita 11.32

Die Vier Weltalter

Im Gegensatz zum linearen Zeitmodell des Westens beschreiben die heiligen Schriften Indiens ein zyklisches System, das die Zeit in so genannte *yugas* (Weltalter) einteilt, die ineinander übergehen und sich periodisch wiederholen. So ist auch unsere gegenwärtige Epoche nur Teil eines dieser endlosen Zyklen. In der Natur und im täglichen Leben können wir die gleiche Gesetzmäßigkeit beobachten: Die Jahreszeiten und die Tage der Woche etwa kehren immer wieder zurück, und auch der Wechsel von Tag und Nacht vollzieht sich nach diesem Schema.

Diese Dinge sehen indische Weise als einen Hinweis auf eine Systematik, die alle Bereiche der Realität durchdringt: Auch das Leben endet für sie nicht mit dem Tod; vielmehr wird die Seele in einem neuen Körper wiedergeboren. So durchwandert sie einen Kreislauf von Geburt und Tod, ähnlich dem Zyklus der Weltalter.

Diese großen kosmischen Zyklen werden *divya-yugas* genannt und setzen sich aus vier aufeinander folgenden Weltaltern zusammen, wobei sich die Länge der einzelnen *yugas* im Verlauf eines Zyklus kontinuierlich verringert: So dauert das Satya-yuga (manchmal auch Krita-yuga genannt) 1728000 Jahre, das Treta-yuga 1296000 Jahre, das Dvapara-yuga 864000 Jahre und das Kali-yuga 432000 Jahre. Diese vier Perioden werden auch das goldene, silberne, kupferne bzw. eiserne Zeitalter genannt.

Seit etwas mehr als 5000 Jahren befinden wir uns nun im Kali-yuga. In etwa 427000 Jahren wird eine teilweise Vernichtung des Universums stattfinden, gefolgt von einem neuen Satya-yuga.[1] Je kürzer die *yugas* werden, desto mehr nehmen auch Religiosität und andere Tugenden ab.

Alle vier *yugas* zusammengenommen (das entspricht einem *divya-yuga*) dauern 4320000 irdische Jahre. Eintausend solcher Zyklen (4,32 Milliarden Jahre) entsprechen einem Tag im Leben Brahmas. Jedem solcher Tage folgt eine Nacht von gleicher Länge. Während der Nacht schläft Brahma, und die meisten Planeten werden von den Wassern der Vernichtung überflutet. Am Ende der Nacht wacht Brahma auf, und ein neuer Tag bricht an. Dreihundertsechzig solcher Tage und Nächte ergeben ein Jahr Brahmas. Brahmas Leben dauert einhundert solcher Jahre.

Anmerkungen

1. *In jedem Weltalter gibt es eine andere Methode der Verehrung: Im Satya-yuga erreichte man den Höchsten durch tiefe Meditation; im Treta-yuga durch groß angelegte Opferrituale; im Dvapara-yuga durch die Verehrung von Bildgestalten (geweihte Skulpturen), und die Methode für das Kali-yuga ist das Lobpreisen des heiligen Namens des Herrn.*

Hanuman

Der Anblick von Affen ist in großen Teilen Indiens nichts Ungewöhnliches. Dem **Hulman**, einem hoch gewachsenen Schlankaffen mit hellgrauem Fell, langem Schwanz und tiefschwarzem Gesicht, begegnet man sowohl in den Wäldern als auch in Ruinen und an Pilgerstätten. Es heißt, er sei ein moderner Abkömmling des Affenhelden Hanuman, der als **Diener des Gottes Rama** berühmt ist.

Hanuman gehört zu den beliebtesten heiligen Persönlichkeiten Indiens. Auf bildlichen Darstellungen sieht man ihn oft mit gefalteten Händen vor seinem Herrn (Ramachandra) knien, daneben Sita (Ramas Gemahlin) und Lakshman (Ramas Bruder).

In Valmikis *Ramayana* taucht Hanuman zum ersten Mal im vierten Buch *(Kishkindha-kanda)* auf, doch erst im fünften Buch *(Sundara-kanda)* rückt er ins Rampenlicht. Dort erfahren wir von seiner vorbildlichen Hingabe an Sita und Rama. Manchmal wird Hanuman sogar dargestellt, wie er sich die Brust aufreißt, um Ramas Bild in seinem Herzen zu offenbaren. Auf anderen Abbildungen sieht man ihn mit einem Felsen des Himalaya durch die Lüfte fliegen oder mit seiner typischen Handstellung *(mudra)* die Furcht vertreiben *(abhaya)* und Segnungen geben *(varada)*.

Im letzten Buch des *Ramayana* *(Uttara-kanda)* berichtet der Weise Valmiki von Hanumans Geburt und Kindheit. Als kleines Kind hielt Hanuman einst die Sonne für eine Frucht. Bei seinem Versuch, nach der Sonne zu greifen, schmetterte ihn der Halbgott Indra zur Erde hernieder und brach ihm mit einem Donnerkeil den Kiefer. Hanumans Vater, der Windgott, hatte Erbarmen mit seinem Sohn und veranlasste andere Götter dazu, ihn mit Segnungen zu überschütten. So erklären sich Hanumans außergewöhnliche Körperkraft und seine übernatürlichen Fähigkeiten. In seinem jugendlichen Übermut zerstörte Hanuman später die Ashrams von Waldasketen, die ihn dazu verfluchten, seine besonderen Kräfte so lange zu vergessen, bis er Ramachandra begegnete. Dann würde er sich eines Besseren besinnen und seine Kräfte nur noch zum Wohl aller einsetzen.

Hanuman war tat-

Ein Geweihter Hanumans als Darsteller des heldenhaften Affen bei einer Aufführung des Ramayana

instrument). Im *Rig Veda* hat Sarasvati eine Beziehung zur Göttin des Klangs (Vak) und wird oft auch als Göttin der Musik bezeichnet. Oft reitet sie auf einem Schwan, manchmal aber auch auf einem Widder, einer Eule, einem Papagei oder einem Pfau. Sie ist die Essenz allen Wissens. Das Entstehen von Gedanken, die sich zu ergötzlichen, kunstvollen Worten formen, ist auf ihre Gnade zurückzuführen.

DER FLUSS SARASVATI

Die berühmte Sarasvati fließt durch den Norden Indiens, und laut dem *Mahabharata* (*Adi-parva* 16.19) wird jeder, der von ihrem Wasser trinkt, von aller Sünde befreit. Leider ist der Fluss nicht so leicht ausfindig zu machen. Vor Tausenden von Jahren, während der Zeit des *Rig Veda,* war der genaue Verlauf der Sarasvati offenkundig, doch heute ist der Fluss de facto unsichtbar. Jedenfalls wird man auf einer Erkundungsreise durch Nordindien vergeblich nach ihm suchen. Allerdings heißt es, dass große Yogis ihn noch heute sehen können, wenn sie nach Allahabad pilgern, dem Ort des Zusammenflusses von Sarasvati, Ganges und Yamuna.

Geologischen Zeugnissen nach zu urteilen ist die Sarasvati (im geologischen Fachjargon Ghaggar-Hakra genannt) um 1900 v. Chr. ausgetrocknet. Mit Hilfe von Infrarotaufnahmen aus dem All ist es jedoch gelungen, den einstmaligen Verlauf des Flusses zu rekonstruieren. Demnach soll die Mündung der Sarasvati nahe dem Golf von Katsch gelegen haben, gleich neben der Wüste Tharr. Pilger können also immerhin die Gegend besichtigen, wo der heilige Fluss einst den Durst selbstverwirklichter Seelen stillte.

sächlich ein Affe. Valmiki beschreibt ihn mit dem Wort *vanara*, was ursprünglich „dem Wald eigen" oder „Waldtier" bedeutete, doch später waren damit insbesondere Affen gemeint. Hanuman legte oft die typischen Eigenschaften seiner Nachfahren an den Tag. Wie das *Ramayana* (5.53.111) zu berichten weiß, sprang er gern von Baum zu Baum und war bisweilen ein rechter Störenfried.

In anderer Hinsicht aber gleichen Hanuman und seine Affenbrüder mehr den Menschen. Daran kann es keinen Zweifel geben, denn Valmiki beschreibt ihre Sprache, ihre Kleidung, ihre Bestattungen, Behausungen und rituellen Feste. Mit anderen Worten, Hanuman und die *vanaras* des Treta-yuga (einer Zeit vor Hunderttausenden von Jahren) waren halb Mensch und halb Affe. Doch gleichzeitig waren sie eindeutig auch halb-göttliche Wesen. Ausgestattet mit allen mystischen Vollkommenheiten, konnten sie jede beliebige Gestalt annehmen und sich groß oder klein machen. Valmiki schreibt, dass Hanuman in die Luft springen konnte wie ein Zauberwesen. Seine größte Kraft jedoch, so Valmiki, war seine Hingabe an Rama.

HANUMAN: GOTT ODER DEVOTEE?

Im mittelalterlichen Indien erschienen viele Dichtungen, wie zum Beispiel das *Hanuman-chalisa,* die Hanuman zu einem Gott erhoben. Viele Menschen in Indien sind so beeindruckt von Hanumans erstaunlichen Fähigkeiten, dass sie ihn als eigenständige Gottheit ansehen, unabhängig von Rama. Die vedischen Schriften weisen jedoch deutlich darauf hin, dass Hanuman und die *vanaras* Gottgeweihte sind, nicht Gott selbst. Im gesamten *Sundara-kanda* wird die übergeordnete Stellung Ramas klar herausgestellt. In herrlichen Monologen hält Hanuman dort von Hingabe durchdrungene Lobreden auf Rama. Folglich ist Hanuman eindeutig ein *bhakta,* ein Devotee, und Rama ist Bhagavan, der Herr.

Hanuman flieht vor dem zornentbrannten Ravana

Brahmas Lebensdauer entspricht der des Universums, das immer wieder erschaffen und zerstört wird. Mit jeder Neuschöpfung des Universums wird auch ein neuer Brahma geboren. Während Brahmas Leben finden regelmäßig vollständige und partielle Vernichtungen statt. Brahmas gegenwärtiger Tag begann vor knapp 2 Milliarden Jahren.

Das Leben Brahmas

311,04 Billionen Jahre (36 000 kalpas [Tage Brahmas] plus die gleiche Anzahl von Nächten)

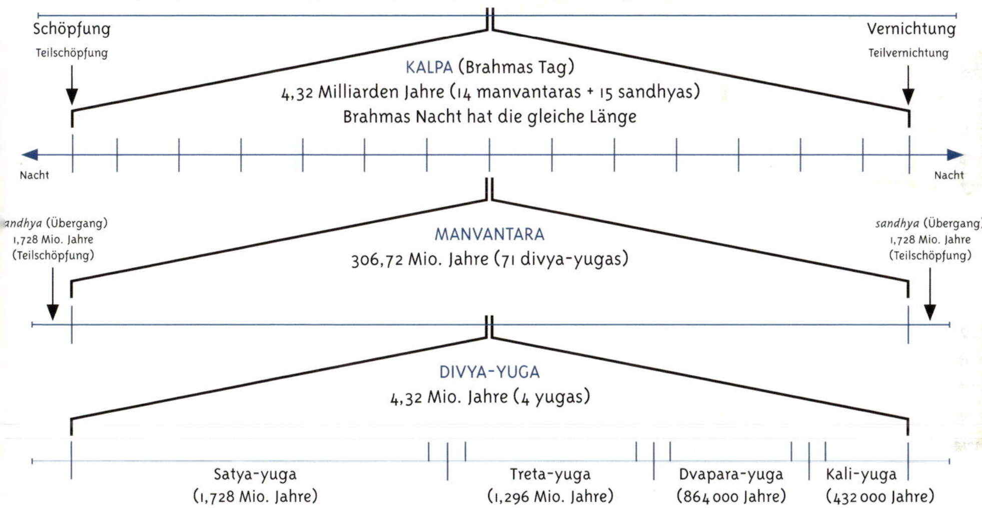

Jüdisch-christliches / modernes wissenschaftliches Zeitmodell

(lineare Zeit – Anfang und Ende)

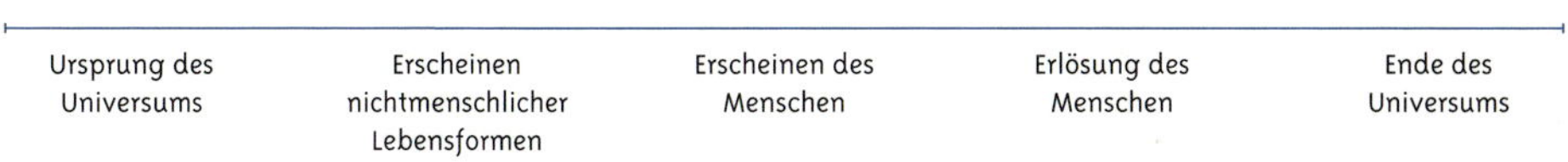

Zeit

In der Vaishnava-Tradition findet man bei fast jeder Betrachtung des Zeitbegriffs zunächst eine Beschreibung der vier *yugas*. Der vedische Zeitbegriff geht jedoch weit über den grundsätzlichen *yuga*-Zyklus hinaus. Der Sonnenkalender teilt das Jahr in sechs Jahreszeiten ein: *vasanta* (Frühling), *grishma* (heiße Jahreszeit), *varsha* (Regenzeit), *sharad* (Herbst), *hemanta* (Winter) und *shishira* (kühle Jahreszeit). Ferner ist jeder Tag in 30 *muhurtas* (je 48 Minuten) eingeteilt. Ein *muhurta* besteht aus 2 *ghatis* (je 24 Minuten). Ein *ghati* hat 30 *kalas* (je 48 Sekunden), ein *kala* 2 *palas* (je 24 Sekunden) und ein *pala* 6 *pranas* (je 4 Sekunden). Ein *prana* enthält 10 *vipalas* (je 0,4 Sekunden) und ein *vipala* 60 *prativipalas* (je 0,00666 Sekunden). Die vedische Zeitskala hat also größte wie auch kleinste Einheiten.

Theologisch gesehen definieren die vedischen Schriften Zeit als eine Energie Gottes. Es heißt, die Zeit sei Krishna selbst in Form Seines alldurchdringenden unpersönlichen Aspekts. Gemessen wird die Zeit anhand der Bewegung atomischer Teilchen. Diese atomischen Teilchen (genannt *anu*) gehören zu den fundamentalen Bausteinen der materiellen Natur. Das *Bhagavatam* erklärt dazu, dass Atome materiellen Raum einnehmen und folglich der Zeit unterworfen sind (denn Zeit wird anhand von Bewegung im Raum gemessen). Da sowohl Raum als auch Zeit materiell sind, bringt das *Bhagavatam* sie mit *maya*, der Illusion, in Verbindung. Mit anderen Worten, alle Änderungen, die auf dem Fluss der Zeit beruhen, sind vergänglich, wie ein Traum. Nur Krishna und Seine *avatars*, die der spirituellen Welt angehören, entziehen sich dem Diktat der Zeit.

In gewissem Sinne jedoch scheint Zeit auch in der spirituellen Welt zu existieren. In Seinen Spielen steht Krishna morgens auf, melkt die Kühe, isst dann Frühstück, geht mit Seinen Freunden und den Kühen in den Wald, spielt den ganzen Tag und kehrt abends wieder nach Vrindavan zurück. Hierbei ist allerdings zu beachten, dass all diese Spiele gleichzeitig ablaufen. Jeder Augenblick ist ewige Gegenwart. Da diese Vorstellung der Zeit jedoch für den Verstand unbegreiflich ist, kommt die vedische Literatur zu dem Schluss, dass Zeit (wie wir sie kennen) in der spirituellen Welt nicht vorhanden ist.

In der spirituellen Welt gibt es keine Zeit – jedenfalls nicht so, wie wir sie hier kennen. In der materiellen Welt hingegen sind alle Lebewesen dem Einfluss der Zeit unterworfen und müssen wiederholte Geburten und Tode erleiden. Nach ihrem Erscheinen in der Welt durchschreiten sie sechs Lebensphasen: Geburt, Wachstum, Reife, Erzeugung von Nachwuchs, Alter und Tod.

Vedische Kosmologie

Kosmologie ist die Wissenschaft vom Aufbau und der Bedeutung des materiellen Universums. Man mag sich daher fragen, warum sich Vaishnava-Texte, in denen es um die Seele und ihre Beziehung zu Gott geht, auch mit diesem Thema auseinandersetzen. Schließlich ist unser All doch eindeutig ein materielles Phänomen. Wer jedoch die Vaishnava-Literatur näher kennt, weiß, dass darin nicht nur spirituelle Themen behandelt werden, sondern auch die spirituelle Dimension aller materiellen Dinge. Vaishnavas interessieren sich deshalb für das Universum in all seinen Aspekten, weil sie verstehen möchten, wie sie damit am besten dem Herrn dienen können. Folglich findet man in der vedischen Literatur ausführliche Beschreibungen der verschiedenen Planetensysteme sowie ihrer Vorzüge und Nachteile in Hinsicht auf den Pfad zurück zu Gott.

Erstaunlicherweise enthalten diese alten Texte derart detaillierte Angaben über das All, wie man sie selbst in modernen wissenschaftlichen Studien nicht findet. Ob man solche Informationen nun akzeptiert oder zurückweist, allein ihr Umfang wirft die Frage auf: Woher bezogen diese antiken Autoren ihre umfassenden Angaben über den Kosmos, und warum erscheint ihr kosmologisches Wissen so einheitlich und tiefgründig?

Die wichtigsten Texte über vedische Kosmologie sind wohl das *Bhagavatam* und das *Vishnu Purana;* am ausführlichsten aber wird diese Thematik im *Surya-siddhanta* dargelegt, einem mystischen Text, der vor fast zwei Millionen Jahren von einem Halbgott von der Sonne offenbart wurde. Laut jenem Werk ist der materielle Kosmos in unzählige Universen aufgeteilt, und jedes Universum ist in eine Kugelschale eingebettet, die aus Schichten materieller Elemente besteht. Darinnen findet man jeweils vierzehn Planetensysteme, angefangen vom höchsten bis hin zum niedrigsten. Interessanterweise ist das vedische Weltbild geozentrisch, denn die Erde und ähnliche Planeten liegen in der Mitte der Achse jener Planetensysteme. Es ist jedoch nicht ethnozentrisch, denn Mount Meru, der in diesem System als die Mitte des Universums gilt, liegt weit außerhalb des indischen Subkontinents. Erwähnenswert ist jedoch, dass in mystischem Sinne Vrindavan als das Zentrum des Universums betrachtet wird.

Die irdischen Planeten gelten als gemäßigte Zone genau in der Mitte zwischen den beiden Extremen des Kosmos – den höheren Planeten mit ihren himmlischen Freuden und den niederen Planeten mit ihren schrecklichen Qualen. Damit sind sie der ideale Bereich, um bestehendes Karma zu bereinigen. Die Halbgötter der höheren Dimensionen beten um eine Geburt in der irdischen Region, denn hier können sie die Sinnlichkeit lange genug vermeiden, um sich im Dienst des Herrn zu betätigen. Auch die gepeinigten Wesen der niederen Planeten hoffen auf eine Geburt in der irdischen Region, denn hier können sie lange genug Schmerzen vermeiden, um höhere Ziele anzustreben.

Die sieben Unterwelten werden in den vedischen Schriften alle namentlich genannt, und was deren unglückselige Bewohner durchmachen, wird auf anschauliche Weise geschildert. Die irdische Mitte besteht aus Svarloka, Bhurloka und Bhuvarloka (die Erde). Von hier aus kann man zu den vier höheren Planetensystemen aufsteigen – Maharloka, Janaloka, Tapoloka und Satyaloka, den höchsten Planeten der Halbgötter –, vorausgesetzt, man führt ein frommes Leben und sammelt gutes Karma an. Ansonsten fällt man zu den niederen Planeten hinab.

Die vedische Literatur beschreibt ausführlich die gewaltige Lebensdauer und die täglichen Belange der Bewohner der höheren Planeten. Und wieder ist es erstaunlich, dass diese antiken Texte solch extrem detailliertes Wissen über ein Thema darbieten, das man ihnen gar nicht zutrauen würde. Weitere Informationen zu diesem Thema gibt es in *Mysteries of The Sacred Universe* von Richard L. Thompson (Govardhana Hill Publishing, Alachua, Florida 1999).

REISE IN DIE MATERIE

Laut den vedischen Schriften kann man, wenn man sich zum ersten Mal in der materiellen Welt inkarniert, als Brahma geboren werden, ein höherdimensionales Wesen auf einem der höchsten Planeten des Universums. Da die Brahma-Inkarnation der Seele zu Beginn noch keine Erfahrung von der materiellen Welt hat und folglich rein ist, besteht ihr Körper nicht aus grobstofflicher Materie, sondern ausschließlich aus feinstofflicher Materie – aus reiner Intelligenz. Dann aber fällt diese Seele aufgrund der irrationalen Triebe ihres nichtspirituellen Körpers in die niedrigste Lebensform herab, die Indragopa genannt wird – ein Einzeller auf den niederen Planeten. Von dort steigt sie durch die 8 400 000 Lebensformen allmählich auf, bis sie wieder einen irdischen Körper erhält. Der menschliche Körper ist der Scheidepunkt, von dem aus man sich weiter erheben oder wieder herabfallen kann.

Die Spirituelle Welt

Auf den vorangegangenen Seiten haben wir kurz die vierzehn Planetensysteme des materiellen Universums behandelt, doch nun wollen wir uns dem multidimensionalen Universum zuwenden, das im Allgemeinen die spirituelle Welt genannt wird. Obwohl der materielle Kosmos unvorstellbar groß ist, erscheint er im Vergleich zur spirituellen Welt nicht viel größer als ein kleiner Pappkarton.

Gemäß der Vaishnava-Literatur ist Devi-dham, die materielle Welt, die niedrigste aller Welten. Mahesh-dham, das Reich Shivas, liegt etwas über den mannigfaltigen Universen, aus denen Devi-dham besteht. Die Welten, die Devi-dham und Mahesh-dham umfassen, reichen von den grob-materiellen Schöpfungen, wie jenen in den niederen und mittleren Planetensystemen, bis hin zu denen, die fast ausschließlich aus feinstofflicher Energie (Geist, Intelligenz und Ego) bestehen.

Jenseits dieser niederen Reiche liegt Hari-dham, auch Vaikuntha genannt. Dies ist die spirituelle Welt, wo es keine materiellen Unvollkommenheiten gibt und das Leben ewig ist. Über den höchsten Gefilden Hari-Dhams befindet sich Goloka, Krishnas erhabenstes Reich. Begründungen, wieso Goloka das höchste spirituelle Reich ist, finden sich in der *Brahma-samhita* und in den Werken der sechs Gosvamis von Vrindavan.

Jenseits der Außenschale des materiellen Kosmos ist der Fluss Viraja, und wiederum jenseits davon befinden sich die Seelen, die Befreiung vom materiellen Dasein erlangt haben. Als Nächstes kommt der Paravyoma, wo zahllose *avatars*, Teilerweiterungen Krishnas, zu Hause sind. Hier findet man beispielsweise die Planeten Nrisimhas, Vamanas und Ramas, und Devotees dieser Gottheiten mögen nach dem Tode dorthin erhoben werden. Über all diesen Reichen liegt Krishnas höchster Planet, Goloka, der sich in drei Formen entfaltet: als Dvaraka, die Feste der Pracht und des Reichtums, als Mathura, wo Reichtum mit Lieblichkeit vermischt ist, und schließlich als Vrindavan, wo alle göttliche Herrlichkeit von Liebe übertroffen wird.

Erweiterungen dieser drei Reiche befinden sich auf Erden, und deren materielle Gegenstücke gelten als nicht verschieden von den entsprechenden spirituellen Regionen.

Karma & Reinkarnation

Alle Wesen werden geboren, um im Laufe der Zeit zu sterben. Und nach Auffassung der Vaishnavas werden sie danach erneut geboren. Der Gedanke der Reinkarnation – der wiederholten Geburten und Tode, die man durchmacht, ohne sich an sie erinnern zu können – und die damit eng verbundene Lehre des Karma („auf jede Aktion folgt eine entsprechende Reaktion“) sind seit Menschengedenken untrennbar mit der indischen Kultur verwoben. So heißt es im *Shatapatha Brahmana* (10.4.3.1), einer der ältesten erhaltenen Schriften Indiens: „Wer die Wahrheit kennt, überwindet das Rad der wiederholten Tode und erlangt das wahre Leben.“ Der genaue Wortlaut ist *punar mrityu* („wiederholter Tod“), und damit ist traditionsgemäß Reinkarnation gemeint (Geburt – Tod – Geburt – Tod usw.). Die Vaishnava-Auffassung des Themenkomplexes Reinkarnation lässt sich in drei Grundideen gliedern:

1. Jedes Lebewesen ist eine Seele in einem materiellen Körper. Was die Größe der Seele betrifft, so findet man in den vedischen Schriften exakte Angaben: „Wenn eine Haarspitze in hundert Teile und jedes dieser Teile wiederum in hundert Teile gespalten wird, so hat am Schluss jedes Teil die Größe der spirituellen Seele.“ (*Shvetashvatara Upanishad* 5.9) Die Tradition lehrt, dass es unzählige solcher spirituellen Atome (Seelen) im Universum gibt. Darüber hinaus finden sich auch Angaben, wie und an welcher Stelle die Seele im Körper verweilt: „Die Seele ist von atomischer Größe und lässt sich mit Hilfe vollkommener Intelligenz wahrnehmen. Die atomische Seele ist von fünf Arten der Luft umhüllt (*prana, apana, vyana, samana* und *udana*). Sie befindet sich im Herzen, aber ihre Präsenz ist über den ganzen Körper der Lebewesen ausgebreitet. Wenn die Seele von der Verunreinigung durch die fünf Arten materieller Lüfte geläutert ist, entfaltet sich ihre spirituelle

Natur." (*Mundaka Upanishad* 3.1.9) Die Seele ist also im materiellen Körper gefangen, und vom Augenblick ihrer Geburt an identifiziert sie sich fälschlicherweise mit dem Körper. Während eines Lebenszyklus durchläuft das Individuum verschiedene Phasen körperlicher Entwicklung – Säuglingszeit, Kindheit, Jugend, Erwachsenenalter usw. –, bleibt aber immer ein und dieselbe Person. Es ist also nicht die Seele, die sich verändert, sondern nur der Körper. In der *Bhagavad-gita* (2.13) heißt es: „So wie die verkörperte Seele in einem Leben verschiedene Stufen körperlichen Wandels durchläuft – Kindheit, Jugend und Alter –, so ist auch der Tod nichts weiter als das Wandern in eine andere Körperform."

2. Die Handlungen, die man in einem Leben verrichtet, bestimmen den Körper, den man im nächsten Leben erhält. Die Schriften der Vaishnavas erklären, dass die Seelenwanderung nicht willkürlich stattfindet. Die Reise der Seele richtet sich nach ihren subtilen Wünschen und nach ihrem Karma (die Handlungen, die man in diesem und in vergangenen Leben ausgeführt hat). Zu diesem Zweck wurde eine enorme Vielfalt von Lebensformen erschaffen, von denen jede mit bestimmten Fähigkeiten ausgestattet ist. Der Körper, den eine bestimmte Person bekommt, ist von ihren Neigungen und Wünschen abhängig. So mag zum Beispiel für einen Menschen, der stark zu Trägheit und Schlaf neigt, der Körper eines Bären (mit monatelangem Schlaf) angemessener sein.

3. Die Seele kann der Wiedergeburt entkommen, indem sie gottesbewusst wird. Krishna sagt in der *Bhagavad-gita* (8.15): „Wenn die großen Seelen auf dem Pfad der Hingabe Mich erreicht haben, werden sie niemals wieder geboren." Somit lehrt die Vaishnava-Tradition, dass man auf dem Pfad des *bhakti-yoga* (des Yogas der Hingabe) vom Kreislauf der Geburten und Tode befreit werden kann. In der *Brahma-samhita* (5.59) heißt es: „Die höchste Stufe der Hingabe erreicht man durch ständige Bemühung um Selbstverwirklichung. Die besten Wegbegleiter auf diesem Pfad sind die Anleitungen der heiligen Schriften, ein gottesbewusster Lebenswandel und Beharrlichkeit in der praktischen Ausübung."

Krishna sagt: „Alle Planeten in der materiellen Welt – vom höchsten bis zum niedrigsten – sind Orte des Leids, wo sich Geburt und Tod wiederholen. Wer aber in Mein Reich gelangt, … wird nie wieder geboren." (*Bhagavad-gita* 8.16)

Der Bezwinger meines Herzens

Gegrüßet seist du, o Chaitanya, Bezwinger meines Herzens!

Der Rhythmus deines Tanzes, ach, welch göttliche Verzückung!
Dein hehres Antlitz aber zeugt von mystischer Entrückung.

Im Takt das Tamburin erklingt, die Zimbeln hell und klar.
Jubilierend tanzt und singt im Chor der Männer Schar.

Ein Tanzschritt folgt dem anderen, Du gönnst Dir keine Ruh.
Die Freude Deiner Raserei lässt es wohl nicht zu.

O Herzensherr, wie sollte ich meine Liebe zu Dir nur ausdrücken?
Ach hätte doch Schah Akbar bloß, zu seinem eignen Beglücken
Ein Tröpfchen Deiner Liebe – groß wär in der Tat sein Entzücken.

— Gedicht von Akbar dem Großen

Die geheime Inkarnation

6

Shri Chaitanya
Einführung

Shri Chaitanya Mahaprabhu (1486–1533) gilt als eine vereinte Verkörperung Radhas und Krishnas. Diese esoterische Gottesinkarnation offenbarte der Welt einen spirituellen Pfad, auf dem man in die tiefsten Bereiche der Transzendenz vordringen kann.

Im *Shrimad Bhagavatam* (7.9.38) wird Gott „Tri-yuga" genannt – „derjenige, der nur in drei von vier Weltaltern (Satya, Treta, Dvapara und Kali) erscheint"; denn im vierten Weltalter, dem Kali-yuga, kommt Er als *channa-avatar*, die geheime, verborgene Inkarnation. Verborgen deshalb, weil Er im Gegensatz zu anderen *avatars* Seine Identität als Gottesinkarnation nicht offen preisgibt. Vielmehr nimmt Er in Seinen Spielen die Rolle Seines eigenen Geweihten an, und nur Seinen vertrautesten Anhängern enthüllt Er Sein wahres göttliches Wesen. Wer allerdings die Schriften studiert, wird dennoch wissen, wer Er ist.

In den *Puranas* heißt es, dass der Herr im Satya-yuga mit weißer Hauttönung erscheint; im Treta ist Er rötlich, im Dvapara schwarz und im Kali golden. Shri Chaitanya ist für Seine goldene Hauttönung bekannt, und alle Seine Biographen haben auf dieses Merkmal hingewiesen.

In der vedischen Literatur wie auch in den späteren heiligen Schriften Indiens werden *avatars* mit bemerkenswerter Genauigkeit beschrieben: ihre „Eltern", der Ort ihres Erscheinens, die göttliche Mission, die sie zu verwirklichen suchen, und einige ihrer markanten Wesenszüge. Direkte Bestätigungen für Shri Chaitanyas Göttlichkeit finden sich im *Mahabharata* und im *Shrimad Bhagavatam*, die beide viele Jahrhunderte vor Shri Chaitanyas Geburt verfasst wurden. Die *Chaitanya Upanishad*, die dem *Atharva Veda* zugerechnet wird, enthält ausführliche Vorhersagen über Seine Herrlichkeit.

Im *Krishna-yamala* wie auch im *Brahma-yamala* werden der Name Seiner Mutter und Sein Geburtsort, Navadvip, prophezeit. Auch gibt es dort Hinweise auf Seine Mission: die Sankirtan-Bewegung, in der es um das öffentliche Lobpreisen der heiligen Gottesnamen geht.

Im *Vayu Purana* heißt es: „Im Zeitalter des Kali wird Krishna als der göttliche Sohn Sachidevis erscheinen, um die Sankirtan-Bewegung ins Leben zu rufen." Das *Bhagavatam* bestätigt, dass Shri Chaitanya Mahaprabhu der „goldene" *avatar* des Kali-yuga ist, und offenbart weitere Details über die Sankirtan-Bewegung: „Im Zeitalter des Kali inkarniert sich der Herr als ein Gottgeweihter, und Er singt ständig den heiligen Namen – Hare Krishna, Hare Krishna, Krishna Krishna, Hare Hare/Hare Rama, Hare Rama, Rama Rama, Hare Hare. Obwohl Er Krishna ist, ist Seine Hauttönung nicht schwärzlich wie die Krishnas, sondern golden *(pita)*. Durch Seine Sankirtan-Bewegung predigt Er Liebe zu Gott." (*Shrimad Bhagavatam* 11.5.32) Kurzum, Shri Chaitanya und Seine Lehre der Gottesliebe sind der verborgene Schatz Indiens – Indiens wahrer Stolz.

Shri Chaitanya
sein Leben

„Ich könnte nur an einen Gott glauben, der es versteht zu tanzen." –Friedrich Nietzsche

Chaitanya Mahaprabhu wurde am 18. Februar 1486 in Westbengalen geboren. Sein bürgerlicher Name war Vishvambar Mishra, aber später wurde Er als Nimai Pandit bekannt, und als Er dann in den Lebensstand der Entsagung trat, wurde Er Chaitanya Mahaprabhu genannt. Seine Geburtsstätte liegt in dem Pilgerort Navadvip, auch Mayapur genannt.

Mahaprabhus Eltern – Jagannath Mishra und Sachidevi – hatten erleben müssen, wie ihre ersten acht Kinder, die alle Mädchen waren, früh verstarben. Die Geburt von Vishvarupa, Mahaprabhus älterem Bruder, bedeutete einen Wandel in ihrem Leben. Bald danach wurde Mahaprabhu geboren.

Als Mahaprabhu etwa acht Jahre alt war, wurde Er eingeschult. Sein Lehrer war Gangadas Pandit. Im Jahre 1496 machte Er sich einen Namen als großer Gelehrter: Nach nur zwei Schuljahren beherrschte Er mehrere Sprachen, und niemand konnte Ihn in den Fächern Logik, Hermeneutik und Philosophie übertreffen. Im gleichen Jahr geschah es auch, dass Sein Bruder, Vishvarup, in den Stand der Entsagung *(sannyas)* trat und das Elternhaus verließ, um das Leben eines umherziehenden Bettelmönchs zu führen. Dieses Ereignis hatte einen tiefen Einfluss auf den jungen Mahaprabhu.

Vier Jahre darauf, im Jahre 1500, heiratete Er Lakshmipriya, die jedoch in jungen Jahren verstarb. So geschah es, dass Er erneut heiratete. Vishnupriya, die in der Vaishnva-Gemeinde ein hohes Ansehen genoss, wurde seine zweite Frau.

Im Jahre 1503 reiste Shri Chaitanya Mahaprabhu nach Gaya (im heutigen Bundesstaat Bihar gelegen), um die Bestattungsriten für Seinen Vater zu vollziehen. Bei dieser Gelegenheit begegnete Er dem großen Heiligen Ishvara Puri und ließ sich von ihm einweihen. Als Mahaprabhu nach der Einweihung die gerade erhaltenen Mantren ausprobierte, fiel Er sogleich in einen Rausch der Gottesliebe. Den Vaishnava-Schriften zufolge erwachen spirituelle Klangschwingungen zum Leben, wenn ein Schüler von einem echten spirituellen Lehrer in sie eingeweiht wird. Durch das Chanten der heiligen Namen hat der Schüler dann Gemeinschaft mit Gott und erfährt spirituelles Glück, das in ekstatischer Gottesliebe gipfelt.

So geriet auch Shri Chaitanya unter dem Einfluss von Krishnas hei-

ligem Namen in einen Taumel der Verzückung. Völlig der Theomanie verfallen, sang und tanzte Er in Ekstase *(divyonmada)*. Seine Biographen berichten, dass Er wie wild tanzte und dass Seine Anhänger es Ihm unter lautem Jubel nachmachten. Nach Seiner Einweihung vollbrachte Shri Chaitanya außerdem viele Wunder. So heilte Er beispielsweise Leprakranke, erweckte Tote zum Leben, erschien in göttlicher Gestalt oder an mehreren Orten gleichzeitig, usw. All diese übermenschlichen Taten sind von Seinen Zeitgenossen bezeugt. Bereits zu Lebzeiten wurde Shri Chaitanya von vollendeten *bhakti-yogis* in Seiner Göttlichkeit anerkannt, so wie zuvor Jesus von seinen Jüngern.

Zu Beginn des Jahres 1510, als Chaitanya Mahaprabhu gerade das vierundzwanzigste Lebensjahr voll endet hatte, begab Er sich zum nahe gelegenen Ort Katwa, wo Er in den Lebensstand der Entsagung *(sannyas)* eingeweiht wurde. Die Weihe wurde von Keshava Bharati abgehalten, einem bekannten Mönch der apersonalistischen Schule, der bald darauf von Mahaprabhu persönlich bekehrt werden sollte. Nach Seiner *sannyas*-Einweihung pilgerte Mahaprabhu nach Vrindavan und anschließend nach Puri, worauf Er eine zweijährige Reise nach Südindien unternahm. Unterwegs begegnete Er vielen bemerkenswerten Persönlichkeiten, unter anderem den sechs Gosvamis von Vrindavan und Ramananda Raya, dem Er das Mysterium Seiner göttlichen Identität offenbarte, der Vereinigung von Radha und Krishna in einer Person.

Nachdem Chaitanya Mahaprabhu den Subkontinent mit Seiner Botschaft der Gottesliebe überflutet hatte, kehrte Er nach Jagannatha Puri zurück. Während Er so Seine Tage in Gemeinschaft Seiner Beigesellten und Shri Jagannaths verbrachte, wurde Er immer mehr von *radha-bhava* überwältigt, den ekstatischen Gefühlen der Liebe, die Radha für Krishna verspürt. In den letzten Jahren Seiner irdischen Gegenwart offenbarte Mahaprabhu sogar die völlige Kontraktion Seiner Gliedmaßen. Das ist die zwölfte Stufe des *mahabhava*, eine der höchsten Ebenen der *bhakti*-Mystik, die nur äußerst selten erreicht wird. Seine letzten Tage verbrachte Chaitanya Mahaprabhu im Beisein Seiner vertrautesten Gefährten, an die Er Sein Geheimnis der Gottesliebe weitergab.

Chaitanya tanzt in Ekstase vor dem Ratha-yatra-Wagen

Shri Chaitanya
seine Lehren

Gegen Ende Seines irdischen Daseins verfasste Shri Chaitanya acht Sanskritgebete, genannt *Shikshashtakam*. Gaudiya-Vaishnavas halten diese Verse für die Essenz aller *bhakti*-Andacht und aller spirituellen Lehren.

Das erste der acht Gebete beschreibt die Herrlichkeit des Lobpreisens von Krishnas heiligem Namen:

„Gepriesen sei die Anrufung von Krishnas heiligem Namen, die den Spiegel des Herzens reinigt und den Leiden des lodernden Feuers des materiellen Daseins ein Ende bereitet. Dieses Lobgebet ist wie der aufgehende Mond, der den Lotos des Glücks für alle Lebewesen erblühen lässt. Er ist die Seele aller Bildung. Das Singen von Krishnas heiligem Namen lässt das Meer transzendentalen Glücks anschwellen. Es verschafft jedermann Erfrischung und ermöglicht es einem, auf Schritt und Tritt Nektar zu kosten."

Im zweiten Vers spricht Mahaprabhu, in der Gemütsstimmung eines aufrichtigen Gottgeweihten, über die Macht des heiligen Namens und über das Unglück, diesem nichts abgewinnen zu können: „Mein Herr, in Deinem heiligen Namen liegt alles Glück für das Lebewesen, und daher hast Du viele Namen, wie Krishna und Govinda, die Erweiterungen Deiner selbst sind. In diesen Namen sind all Deine Kräfte enthalten, und wer sie singt oder betet, braucht dabei keine strikten Regeln zu beachten. O Herr, in Deiner Gnade verkündigst Du Deine heiligen Namen zum Nutzen der gefallenen, bedingten Seelen. Leider aber bin ich so unglückselig, dass ich Vergehen gegen diese Namen begehe, und so ist es mir nicht vergönnt, Zuneigung zu ihnen zu entwickeln."

Im dritten Vers geht es um die Demut, die einen befähigt, den Namen des Herrn reinen Herzens zu beten: „Wer sich niedriger dünkt als das Gras, duldsamer ist als ein Baum und allen anderen Respekt erweist, ohne für sich selbst Achtung zu erwarten, kann den heiligen Namen des Herrn ohne Unterlass beten."

Der vierte Vers handelt von der Zielstrebigkeit, die für reines Beten der heiligen Namen notwendig ist: „O Herr der Welten, ich mache mir nichts aus Reichtum, Anhängern, schönen Frauen oder dem Lohn für fromme Werke. Alles, was ich will, Leben für Leben, ist reine, motivlose Liebe zu Dir."

Im fünften Vers kommt Shri Chai-

tanya auf den Grund für die materielle Bindung der Seele zu sprechen und auf die Demut, die für die Befreiung aus diesem Zustand erforderlich ist: „O Herr, Sohn Nanda Maharajas [Krishna], ich bin Dein ewiger Diener; doch aufgrund meiner materiellen Neigungen bin ich in dieses schreckliche Meer der Unwissenheit gefallen. Bitte gewähre mir in Deiner grundlosen Gnade einen Platz als Staubkörnchen an Deinen Lotosfüßen."

Im sechsten Vers wird auf drei äußere Begleitmerkmale beim Erwachen echter Gottesliebe hingewiesen: „O Herr, wann werden meine Augen mit Tränen geziert sein, die ständig an mir herabgleiten, während ich Deinen heiligen Namen singe? Wann wird mir die Stimme stocken, wann werden sich meine Haare vor transzendentaler Wonne sträuben, während ich Deinen Namen singe?"

Der siebte Vers beschreibt die Seele, die sich der Vollkommenheit nähert. In einer Stimmung unvorstellbar seliger Trennung wird der Gottgeweihte verrückt nach Krishna: „O Govinda, in meiner Trennung von Dir kommt mir ein Augenblick vor wie eine Unendlichkeit. Tränen strömen aus meinen Augen wie Regengüsse, und in Deiner Abwesenheit erscheint mir die gesamte Welt öd und leer."

Der letzte Vers des *Shikshashtakam* befasst sich mit dem höchsten Ziel bei der Anrufung des heiligen Namens – dem Aufgeben selbstischer Motive und der Vertiefung in einen Zustand transzendentaler Verzückung. Das ist das Ergebnis echter spiritueller Liebe. In dieser intensiven emotionalen Stimmung verspürt der Gottgeweihte eine besondere göttliche Nähe, die es ihm erlaubt, Krishna in vertraulichem Ton anzusprechen: „Möge Krishna diese Dienstmagd zu Seinen Füßen fest umarmen! Möge Er mich mit Füßen treten oder mir das Herz brechen, indem Er sich mir nie zeigt! Schließlich ist Er ein Wüstling und kann tun, was Ihm beliebt. Dennoch wird Er immer der angebetete Herr meines Herzens bleiben."

Weitere Erläuterungen zu diesen Lehren gibt es im *Shri Chaitanya-charitamrita*, nachzulesen in der kommentierten Übersetzung von His Divine Grace A.C. Bhaktivedanta Swami Prabhupada.

Shri Chaitanya-charitamrita

Die 6 Gosvamis

Als Verkörperung reiner Gottesliebe war Chaitanya Mahaprabhu der Vertreter einer esoterischen Mystik höchsten Ranges. Die Essenz Seiner gelebten Gottesschau teilte Er Seinen engsten Jüngern mit und unterwies sie mit großer Sorgfalt darin, dieses Wissen zu systematisieren und der Öffentlichkeit zugänglich zu machen. Wie sonst hätte die Nachwelt Mahaprabhus Empfindungen verstehen sollen, ganz zu schweigen von dem Versuch, sie selber praktisch zu erfahren?

Es waren die sechs Gosvamis von Vrindavan, die sich die schwierige Mission zu Herzen nahmen, Mahaprabhus innere Erfahrungen weiterzuvermitteln. Raghunath Das Gosvami (1495–1571) war der erste unter ihnen, der Mahaprabhu begegnete. Geboren wurde er in Chandpur (heute Shri Krishnapur), einer kleinen Ortschaft in Westbengalen. Er stammte aus äußerst wohlhabendem Hause und war der einzige der sechs Gosvamis, der nicht aus einer *brahmana*-Familie stammte. Aus dem Reichtum seiner Familie machte er sich zum Verdruss seiner Verwandten gar nichts. Lieber verbrachte er seine Zeit unter Mönchen und Yogis. So lernte er den großen Heiligen Haridas Thakur kennen, der ihm von Chaitanya Mahaprabhu erzählte. Von da ab konnte es der junge Raghunath kaum mehr erwarten, eines Tages Shri Chaitanya zu begegnen. Sein Traum sollte sich schon bald erfüllen, und zwar im Jahre 1510, kurz nachdem Mahaprabhu *sannyas* angenommen hatte. Raghunath hatte nämlich davon gehört, dass Mahaprabhu sich im nage gelegenen Shantipur aufhielt, und war kurzerhand von zu Hause fortgerannt. „Das Gosvami", wie Raghunath Das bald genannt werden sollte, wurde einer der herausragenden Mystiker der Gaudiya-Vaishnava-Tradition und verfasste wundervolle Gedichte auf der Grundlage seiner Meditationen.

Kurz nach Seiner ersten Begegnung mit Raghunath Das unternahm Mahaprabhu eine Pilgerreise nach Südindien, wo Er im Hause Vyenkata Bhattas einkehrte. Vyenkata hatte einen Sohn namens Gopal Bhatta, der zu jener Zeit sieben Jahre alt war. Später sollte er von Mahaprabhu persönlichen Unterricht erhalten und unter dem Namen Gopal Bhatta Gosvami (1503–1578) bekannt werden, einer der vorrangigen Theologen in der Gaudiya-Vaishnava-Tradition. Als südindischer *brahmana* war Gopal Bhatta mit den Details des Vaishnava-Brauchtums bestens vertraut und konnte so bedeutende Beiträge zur Mission der Gosvamis leisten. In Zusammenarbeit mit Sanatan Gosvami verfasste er das „Gesetzbuch" der Gaudiya-Vaishnavas, den *Hari-bhakti-vilas.* Dieses Werk geht ausführlich auf wichtige Teilaspekte der Tradition ein wie Bildgestaltenverehrung, Tempelrituale und Vaishnava-Umgangsformen.

Rupa (1489–1564) und Sanatan (1488–1558), beide ebenfalls von südindischer Herkunft, bekleideten hohe Ämter in der islamischen Regierung Bengalens. Beide waren große Gelehrte und Politiker. Sie wurden Shri Chaitanya vorgestellt, als dieser auf dem Wege nach Vrindavan war, und Seine Welle der Hingabe erfasste auch sie. Später begegnete Rupa dem Meister in Prayag (dem heutigen Allahabad) und wurde von Ihm in der *rasa*-Theologie unterwiesen. Sanatan suchte Mahaprabhu in Benares auf, wo er von Ihm die Wissenschaft der *avatars* erlernte sowie das philosophische Verständnis davon, wie

Gott in dieser Welt erscheint. Rupa und Sanatan waren sehr produktive Autoren, vor allem auf den Gebieten des Schauspiels, der Dichtung und der Philosophie.

Das Werk Rupas und Sanatans wurde von ihrem Neffen fortgesetzt, dem jungen Jiva Gosvami (1513–1598), der noch heute zu zu den größten Philosophen Indiens zählt. Themen, die seine namhaften Onkel in Angriff genommen hatten, führte Jiva weiter aus, wobei er bestimmte Nuancen ihrer theologischen Leitgedanken hervorhob. Manchmal wird gesagt, Jiva, der jüngste der sechs Gosvamis, sei Shri Chaitanya nur bei einer Gelegenheit begegnet, als er noch ein Kind war. Wie dem auch sei, jedenfalls war diese eine Begegnung – und die Inspiration durch Rupa und Sanatan – ausreichend, um Jiva während seiner langen schriftstellerischen Laufbahn zu immer neuem Schaffen zu beflügeln.

Raghunath Bhatta Gosvami (1505–1579) leistete zwar keinen literarischen Beitrag, machte sich aber einen Namen durch seinen vollendeten Gesang und durch sein vortreffliches Vortragen des *Bhagavatam.* In der Vaishnava-Theologie dreht sich alles um *kirtan,* das ekstatische Singen des heiligen Namens, und somit gab Raghunatha Bhatta Gosvami das perfekte Beispiel, indem er den Ruhm des Herrn wie kein Zweiter besang.

Bhakti
Liebe zu Gott

Im Mittelpunkt der Lehren Shri Chaitanyas steht *bhakti*, „hingebungsvolle Liebe zu Krishna". Die Etymologie dieses Wortes ist nicht eindeutig geklärt; für die Herleitung kommen zwei Sanskritwurzeln in Betracht. Die erste lautet *bhanj*, was „Trennung" bedeutet – Trennung im Sinne des dem Vishnuismus zu Grunde liegenden Dualismus. Schließlich kann man ja nur einem Gott dienen, der „getrennt" vom Selbst existiert. Wäre die Seele in jeder Hinsicht eins mit Gott, wie es von der Schule des Advaita-vedanta gelehrt wird, dann wäre *bhakti* gar nicht möglich, denn dabei werden zwei Parteien benötigt: der Verehrer und der Verehrte.

Normalerweise jedoch wird *bhakti* von der Verbwurzel *bhaj* hergeleitet, was so viel bedeutet wie „verehren", „sich hingeben", „lieben". Im zweiten Vers seiner berühmten *Bhakti-sutras* definiert Shandilya *bhakti* als „ungeteilte, starke Zuneigung zum Herrn". Der Weise Narada erklärt in seinem *Narada-bhakti-sutra* (19): „*Bhakti* bedeutet, jede Handlung dem Herrn darzubringen und sehr darunter zu leiden, sollte man den Herrn vergessen." Im ersten Canto des *Bhagavatam* wird *bhakti* als *parama-dharma* definiert, „die höchste und beglückendste Funktion der Seele". *Bhakti* ist also oberstes Gebot der Vaishnava-Philosophie.

In der Literatur taucht der Begriff *bhakti* bereits bei den südindischen Alvars auf, die der frühesten Vaishnava-Gemeinde Indiens angehörten, den Shrivaishnavas. Doch auch im Norden wurde *bhakti* in reichem Maße thematisiert, so zum Beispiel in den Werken Rupa Gosvamis, dessen Bhakti-rasa-Theologie aus der Gaudiya-Vaishnava-Tradition nicht wegzudenken ist.

Die „*bhakti*-Renaissance" des fünfzehnten und sechzehnten Jahr-

hunderts leistete der Tradition der Hingabe enormen Vorschub. Zur gleichen Zeit erlebte die westliche Welt ihre eigene Renaissance – allerdings unter einem anderen Vorzeichen. Während in der indischen Renaissance Hingabe an Gott im Mittelpunkt stand, ging es im Westen um Lernen, Fortschritt, Wissenschaft und Technologie. Kurzum, im Westen musste die Spiritualität dem Einfluss des Materialismus weichen.

Man erinnert sich an die europäische Renaissance gern als eine Epoche des Wachstums, als einen gro-

ßen Schritt zu Unabhängigkeit und Selbstbewusstsein. Zur Kennzeichnung jenes Zeitalters prägte der Historiker Jules Michelet den Begriff „Wiedergeburt". Die Renaissance gilt als eine Zeit des Erwachens, wo der Mensch der Vertiefung in Religion und Aberglauben entkam und echten Fortschritt machte, indem er seine Aufmerksamkeit auf die materielle Natur, den Körper und die Umwelt lenkte. Der Mensch stürzte sich in den Fluss des materiellen Fortschritts, während Spiritualität und eine natürliche Lebensweise im Staube zurückblieben.

In der *bhakti*-Renaissance hingegen geschah ein Schritt hin zur Ver-

einfachung, um essenzielle spirituelle Wahrheiten zu erkennen. Man wandte sich der Grunddynamik des religiösen Impulses zu. Es ging um das innere Bedürfnis des Menschen nach einem liebevollen Austausch mit seinem Schöpfer, um das generelle Zuneigungsbedürfnis des Menschen.

Allerdings gab es auch Vertreter der ritualistischen Tradition, die an ihrem gewohnten Gedankengut festhielten und sich gegen die „neuen Ideen" der *bhakti*-Reformatoren sträubten, und das, obwohl die *bhakti*-Bewegung sich auf dieselben Schriften stützte wie die Vertreter des Traditionalismus.

Trotzdem ist der große Einfluss, den die *bhakti*-Bewegung in weiten Teilen Indiens bis heute ausübt, nicht zu leugnen. Vielleicht liegt dies ja daran, dass *bhakti* eine innere, fundamentale Saite des Menschen anschlägt und dass das Gegenteil – eine Renaissance hin zum materiellen Fortschritt – zwar gewisse Vorteile mit sich bringt, letztlich aber zu spiritueller Verödung und Seelenlosigkeit führt.

„Pilgerorte sind für sensitive Menschen ein verblüffendes Phänomen … In wichtigen Aspekten liegt ihre Existenz auf der Ebene des Mentalen, der Emotionen oder gar der höchsten Transzendenz.“

— Norvin Hein

Emeritierter Professor der Religionswissenschaft, Yale University

Heilige Stätten 7

Liegende Bildgestalt Vishnus an der Außenseite eines Vaishnava-Tempels

Tempel

Wie die Kathedralen Frankreichs oder die Peterskirche in Rom sind auch viele Vaishnava-Tempel von ehrfurchtgebietender Größe und Pracht. Gleichzeitig erwecken sie aber auch das Gefühl inniger Verbundenheit zum Göttlichen.

Der Religionshistoriker Mircea Eliade, der sich eingehend mit der Bauweise indischer Tempel befasste, schrieb:

„[Solche] Tempel … sind Nachbildungen des Körpers. Vor Inangriffnahme der Bauarbeiten wird an Ort und Stelle ein symbolischer Grundriss des Tempels in den Boden geritzt, das so genannte Vastu-purusha Mandala. Darauf sind die Himmelsrichtungen verzeichnet, die Mondhäuser, die Planeten, die Götter und der menschliche Körper. Die Formen dieser Komponenten werden dabei symbolisch auf den künftigen Tempelbau übertragen. In den Lehrbüchern der indischen Architektur wird der Tempel ausdrücklich mit dem Körper verglichen: Das Eingangstor ist der Mund, die Kuppel des Tempelturms der Kopf. So wie der menschliche Schädel eine Naht aufweist, aus der die Seele beim Tode entweicht und in den Himmel aufsteigt, ist auch die Tempelkuppel mit einem kleinen Loch versehen. Das Heiligtum im Tempel entspricht der Seele im menschlichen Körper. … Da der … Tempel ein Abbild des menschlichen Körpers ist, unternimmt ein Pilger bei einem Tempelbesuch quasi eine Erkundungsreise in sein inneres Selbst. Die Begegnung mit der Gottheit im Herzen des Tempels gleicht der Begegnung mit dem eigenen göttlichen Wesenskern.“[1]

Mit der „Gottheit im Herzen des Tempels“ ist ein besonderer Aspekt der Vaishnava-Verehrung gemeint: die persönliche Gegenwart des Herrn auf dem Altar in Form einer Bildgestalt *(archa-vigraha)*. Diese Bildgestalt gilt als eine Verkörperung Gottes und ist somit eine Art *avatar*, genannt *archa-avatar*. Nach Aussage des *Shrimad Bhagavatam* (11.27.12) kann sich Gott in Form des *archa-avatar* in einem von acht materiellen Stoffen inkarnieren: Stein, Holz, Metall, Erde, Farbe, Sand, Edelstein oder Geist. Bei der Herstellung der Bildgestalt müssen präzise Richtlinien der heiligen Schriften, zum Beispiel in Bezug auf die Maße, beachtet werden. Unerlässlich ist auch die Weihe der Bildgestalt durch einen besonders ausgebildeten Priester, wobei der Geist Gottes in die materiellen Elemente eingeht.

Sobald die Bildgestalt Ihren Platz im Tempel eingenommen hat, werden auf dem Altar die täglichen Aktivitäten des Herrn nachgeahmt. Früh am Morgen wecken die Priester die Bildgestalt auf und reichen Ihr ein Frühstück, wobei sie besonders dafür bestimmte Mantren rezitieren. Später servieren sie Ihr ein opulentes Mittagessen, worauf der Herr ein Schläfchen macht. Danach bringen sie Ihm diverse Utensilien der Verehrung dar. Am Abend gibt es für den Herrn ein ähnlich umfangreiches Festmahl wie zur Mittagszeit, und schließlich legen Ihn die Priester zur Nachtruhe, wieder unter Begleitung von Mantren.

Im Laufe des Tages kommen viele Gläubige in den Tempel, um die geschmückte Gestalt des Herrn zu sehen. Dies wird *darshan* genannt. Dabei singen sie Mantren, lobpreisen den Herrn und bringen Ihm Gebete dar.

Vaishnava-Tempel bieten eine Gelegenheit, die unpersönliche Auffassung Gottes hinter sich zu lassen und in das Verständnis Seiner Persönlichkeit einzudringen. In weltweit Tausenden von Tempeln gewährt Er Millionen von Menschen täglich Seinen *darshan* – ob nun als Rama, Vishnu, Nrisimha, Jagannath, Krishna oder in einer anderen Seiner zahlreichen Formen.

Anmerkungen

1. *Mircea Eliade: „Sacred space", in* The Encyclopedia of Religion, *Macmillan Publishing Company, New York 1987, Band 12, S. 532.*

Heilige Architektur

Indiens spirituelle Architektur hat eine sehr alte Tradition. Die Grundlagen dieser Tradition finden sich in den Puranas und anderen Schriften, wie vor allem dem *Shilpa-shastra* (verfasst von Vishvakarma, dem Architekten der Halbgötter) und dem *Vastu-shastra*. Nennenswert sind außerdem die *Shulba-sutras*, die geometrische Details für die Errichtung von Opferstellen enthalten. Man unterscheidet im Wesentlichen zwischen drei Tempelbaustilen.

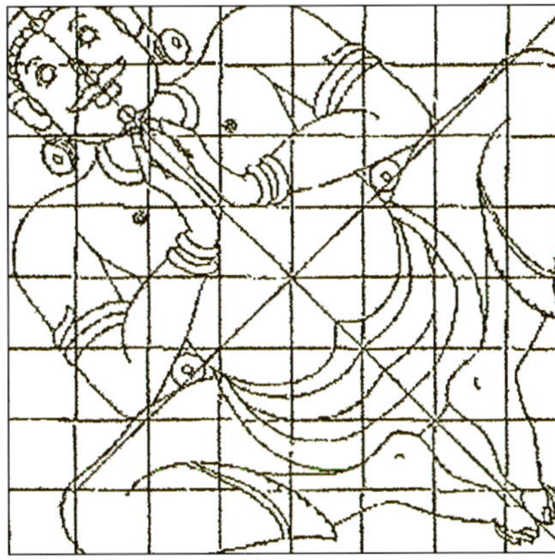

Vaishnava-Tempel werden strikt nach mathematischen Berechnungen erbaut; Grundlage der Konstruktion ist eine yogische geometrische Figur (das so genannte Vastu-purusha Mandala, siehe oben), die dazu dient, das Gebäude zu weihen.

In den nördlichen und westlichen Regionen ist der *nagara*-Baustil am weitesten verbreitet: Der Tempelbau ist in Portal, Halle, Vestibül und Sanktum gegliedert. Über dem Allerheiligsten erhebt sich der maiskolbenförmige Hauptturm (*shikhara*). In solchen Tempeln gibt es meist ein verandaartiges Areal, das als Versammlungshalle dient und wo die Gläubigen die Bildgestalt umschreiten können.

Im östlichen Baustil sieht man eher kuppelförmige Türme sowie einen Komplex von Gebäuden, die den Sängern und Tänzern, den Schauspielern und den Verehrern verschiedener Gottheiten zugeordnet sind.

Typisch für den südlichen Stil sind die auffälligen *gopuras* – elegante, hohe Türme, die über den Toren des Tempelkomplexes aufragen, mit einer kunstvoll gemeißelten Fassade.

Vrindavan
Das Heilige Land Braj

Im nordindischen Bundesstaat Uttar Pradesh, 140 Kilometer südlich von Delhi, liegt eine bukolische Gegend namens Braj, auch Vraja genannt (wörtlich: Weideland). Ihre ländliche Idylle übt auf die Besucher dieser heiligsten aller Vaishnava-Pilgerstätten einen unwiderstehlichen Reiz aus.

Die Dörfer im Braj erstrecken sich über eine Fläche von mehr als 3000 Quadratkilometern. Ferner liegen auf diesem Gebiet die Stadt Mathura sowie die zwölf Hauptwälder (einer davon ist Vrindavan, das spirituelle Zentrum des Braj) und 125 untergeordnete Wälder.

Es wäre jedoch irreführend, nur die geographische Lage des Braj zu beschreiben, ohne seine spirituelle Bedeutung zu erörtern.

Für Vaishnavas ist Braj ein heiliges Land. Es ist von multidimensionalem Wesen, das heißt, es befindet sich sowohl innerhalb von Raum und Zeit als auch außerhalb davon. Shri Krishnas ewige Spiele *(lilas)*, die ursprünglich im spirituellen Reich stattfinden, werden von Zeit zu Zeit in unserer dreidimensionalen Welt offenbart. Der Ort dieser Offenbarung ist Braj, so wie es vor 5000 Jahren der Fall war. Aus diesem Grunde nennen Vaishnavas die spirituelle Welt auch Braj. Es gibt also ein spirituelles und ein irdisches Braj: Vaishnavas machen zwischen diesen beiden Orten keinen Unterschied.

Nach Aussage der Vaishnava-Schriften ist das spirituelle Braj (und die anderen spirituellen Welten, die vom Braj ausgehen) die Urheimat aller Lebewesen, von der sie seit dem Anfang der Schöpfung getrennt sind. Seit Anbeginn der Zeiten sehnt sich der Mensch nach einer vollkommenen Heimat – ob nun Paradies, Elysium oder Shangri La genannt –, einem Ort, wo sein ursprünglicher Zustand des Friedens und des Glücks wiederhergestellt wird. Das irdische Braj, das mit seinen Tempeln und Heiligen eine spirituelle Enklave

in unserer Welt darstellt, erfüllt diese Sehnsucht all denen, die dort Zuflucht suchen.

Am besten lernt man Braj kennen, indem man eine Pilgerwanderung *(parikrama)* unternimmt, und zwar mit jemandem, der sich in der Gegend auskennt und auch mit der inneren Bedeutung der heiligen Stätten vertraut ist. Es heißt, der Sand im Braj, über den einst Radha und Krishna schritten, sei von Liebe zu Gott durchdrungen. Daher ist es kein ungewöhnlicher Anblick, dass ein Pilger sich diesen Sand ehrfürchtig aufs Haupt streut.

Die Vielfalt heiliger Orte auf unserer Erde kommt, ähnlich wie die zahlreichen Religionen der Welt, der Mannigfaltigkeit der Sucher mit ihren unterschiedlichen Neigungen entgegen. Pilger besuchen Wallfahrtsorte aus den verschiedensten Gründen: um von physischen und emotionalen Leiden geheilt zu werden oder um Reichtum und materiellen Wohlstand zu erbitten. Manch einer kommt auch aus Gründen, die nicht einmal ihm selbst bekannt sind. Viele aber unternehmen eine Pilgerreise, um den inneren seelischen Fortschritt in Gang zu setzen oder voranzutreiben. Egal mit welcher Motivation man nach Braj kommt, man wird nicht enttäuscht werden. Es gibt sieben traditionelle Pilgerorte in Indien, an denen alle Segnungen – von *bhukti* (materieller Nutzen) bis *mukti* (Erlösung) – erhältlich sein sollen; aber nur Braj hält *bhakti* und *prema* bereit, hingebungsvolle Liebe zum Höchsten Herrn.

ICH DENKE IMMER AN BRAJ

Nie, o Uddhava, kann Ich Braj vergessen,
Vrindavan, Gokul, die idyllischen Wälder
und den Schatten der dichten Haine.

Sehe Ich Mutter Yashoda und Nanda
in der Früh, erschaure Ich vor Glück.
Frisches Brot bringen sie Mir,
noch warm, und Butter,
geben zu essen Mir mit großer Liebe.
Ich spiele mit den Hirtenknaben,
so verbringe Ich jeden Tag in Heiterkeit.

Nie, o Uddhava, kann Ich Braj vergessen,
die herrlichen Ufer der Yamuna
und die schattigen Haine.
Hier sind die Wunschkühe,
dort die Kälber,
die Ställe, wo sie gemolken werden,
und die Milchkannen.
Wenn die Hirtenknaben
zusammenkamen,
gab oft ein groß Spektakel es
aus Tanzen und Ringen.

Unser Mathura ist eine Stadt von Gold,
Edelsteinen und Perlen.
Ach, Freude überkommt Mich,
wenn Ich an Braj Mich erinnre,
Das Herz fließt Mir über,
will in Meinem Leibe nicht bleiben.
In unzählige Spiele war
Ich ständig vertieft,
Und Nanda und Yashoda
haben es still erduldet.
Nach diesen Worten verfiel
„Surs" Meister
voll Reue in Schweigen.

— Surdas, Dichter und Heiliger des 15. Jahrhunderts (in Krishnas Worten)

Navadvip

Navadvip liegt rund einhundert Kilometer nördlich von Kolkata (Kalkutta) und kann von dort aus per Auto, Boot oder Bahn erreicht werden. Diese bescheidene dörfliche Gegend ist der berühmte Geburtsort Shri Chaitanyas (1486–1533), der auch unter dem Namen Gaura (die „goldene“ Inkarnation) bekannt ist.

Shri Chaitanya ist nicht verschieden von Shri Krishna, und folglich gelten auch Navadvip und Vrindavan trotz ihrer unterschiedlichen geographischen Lage als ein und dasselbe Reich, und die *lila* von Gaura (Chaitanya) und die von Krishna sind auf mystische Weise miteinander verknüpft. Vaishnavas nennen die Gegend um Navadvip/Mayapur (in einem Umkreis von etwa 25 Kilometern) Gaura-mandala.

Im Jahre 1063 wurde Navadvip unter der Hinduregentschaft Lakshmana Senas die Hauptstadt Bengalens, doch nur kurze Zeit später, im Jahre 1202, wurde es von Mohammed Bakhtiar Khilji erobert und zerstört. Von da an stand Bengalen unter islamischer Herrschaft. Trotz gesellschaftlicher Spannungen und Reibereien lebten Hindus und Moslems Seite an Seite. Navadvip, das sich bereits durch seine herausragenden Sanskritschulen einen Namen gemacht hatte, entwickelte sich in der Folge zu einer Hochburg des orthodoxen Brahmanismus. Dann erschien Shri Chaitanya.

In und um Navadvip gibt es Hunderte von Orten, die mit Shri Chaitanya Mahaprabhus Spielen verbunden sind. Am Yoga-pitha, der Geburtsstätte Mahaprabhus, findet man heute Bildgestalten von Ihm und Seinen Beigesellten, und täglich besuchen Pilger diese Gegend. In der Nähe liegt Shrivas Angan, das Haus Shrivas Thakurs, wo Shri Chaitanya einst die Sankirtan-Bewegung ins Leben rief, das heißt die religiöse Bewegung, die auf der Lobpreisung von Krishnas heiligem Namen durch Singen und Tanzen beruht.

Es heißt, das heilige Land um Navadvip bestehe aus neun *(nava)* Inseln *(dvipa)*. Viele glauben, die „neun Inseln" seien neun *spirituelle* Inseln, die nur von jemand wahrgenommen werden, der die Stufe höchster Erkenntnis erlangt hat. Denn ansonsten kann man dort keine neun Inseln entdecken. Pilger durchwandern das Gebiet der „neun Inseln", die rein äußerlich gesehen lediglich neun benachbarte Orte sind, für gewöhnlich in der Reihenfolge Antardvip, Simantadvip, Godrumdvip, Madhyadvip, Koladvip, Ritudvip, Jahnudvip, Modadrumdvip und Rudradvip. Im esoterischen Sinne entsprechen die Inseln den neun Vorgängen des hingebungsvollen Dienstes: über Gott hören, über Ihn sprechen, sich an Ihn erinnern, Seinen Lotosfüßen dienen, Ihn verehren, Ihm Gebete darbringen, Ihm dienen, Freundschaft mit Ihm schließen und Ihm alles hingeben.

DIE WIEDERENTDECKUNG VON SHRI CHAITANYAS GEBURTSSTÄTTE

Im neunzehnten Jahrhundert war die Bedeutung von Shri Chaitanyas Leben und Seiner Mission fast völlig in Vergessenheit geraten. Die moslemischen Eroberer und der Einfluss der Zeit hatten Shri Chaitanya aus der Geschichte Bengalens verdrängt. Dass es jedoch nicht dabei blieb, dafür sorgte Bhaktivinod Thakur (1838–1914). Bhaktivinod war selbst ein begeisterter Anhänger der Lehren Chaitanyas, und so machte er sich daran, die Geburtsstätte des Herrn wiederzuentdecken.

Zu seinem Erstaunen fand Bhaktivinod heraus, dass das Dorf, das seine Zeitgenossen unter dem Namen Navadvip kannten, erst einhundert Jahre alt war; somit konnte es nicht das gleiche Navadvip sein, in dem Shri Chaitanya erschienen war. Es herrschten verschiedene Meinungen, und einige sagten, die Geburtsstätte des Herrn befinde sich unter dem Ganges, der seit dem fünfzehnten Jahrhundert mehrmals seinen Lauf geändert hatte.

Aber Bhaktivinod gab nicht auf und hörte alsbald von einem Dorf nordöstlich der Stadt Navadvip. Der geheimnisumwitterte, alte Ort stand damals unter moslemischer Herrschaft. Bhaktivinod erkannte binnen kurzem, dass es sich bei jenem Dorf um das wahre Navadvip (Mayapur) handelte, und suchte nach Belegen, um seine Theorie zu erhärten. Schließlich stieß er auf den schlüssigen Beweis: zwei Landkarten, die von britischen Piloten erstellt worden waren, die den Ganges mit Booten befahren hatten.

Wichtige Hinweise fand Bhaktivinod außerdem in bengalischen heiligen Schriften. Zum Beispiel las er in Narahari Chakravartis *Bhakti-ratnakara,* dass der Hof Shrivas Pandits, wo Shri Chaitanya das gemeinsame Singen des *mahamantra* einführte, einhundert *dhanus* (knapp 200 m) nördlich des „Hauses Gottes" gelegen war. Diese Textstelle half Bhaktivinod sehr bei seiner Entdeckung von Shri Chaitanyas Geburtsstätte, denn den Hof von Shrivas gibt es noch heute. So fiel es Bhaktivinod relativ leicht, Shri Chaitanyas Geburtsstätte zu lokalisieren. Die Beweise wurden weiter untermauert durch geographische und archäologische Studien, die Bhaktivinod selbst vornahm.

Um auch eine spirituelle Bestätigung für die Authentizität der Geburtsstätte zu bekommen, brachte Bhaktivinod seinen alten, gebrechlichen Lehrer, Jagannath Das Babaji Maharaja, an Ort und Stelle. Obwohl Babaji Maharaja gehbehindert war und in einer Sänfte getragen werden musste, führte er einen Freudentanz auf und vergoss Tränen der Liebe zu Gott. Dieser Ausbruch göttlicher Liebe überzeugte Bhaktivinod vollends, dass er tatsächlich Shri Chaitanyas Geburtsstätte gefunden hatte.

Mayapur

Fortsetzung einer Tradition

Shri Chaitanya ist für die Vaishnava-Tradition von unschätzbarer Bedeutung. Nachdem Bhaktivinod Thakur den Geburtsort Shri Chaitanyas entdeckt hatte, wollte einer seiner Nachfolger in der spirituellen Tradition, His Divine Grace A. C. Bhaktivedanta Swami Prabhupada, die Bedeutung dieses Pilgerortes erhalten und noch hervorheben, indem er dort den Bau eines prachtvollen Tempelkomplexes ins Werk setzte. Die Arbeit begann 1972 und wird noch heute fortgeführt.

Der Tempelkomplex ist jetzt unter dem Namen Mayapur Chandrodaya Mandir bekannt und besteht aus einem Tempelgebäude, einer Bibliothek, einem Museum und einem Auditorium sowie zahlreichen Gästehäusern, die Hunderte von Besuchern fassen. Der Mandir ist der Brennpunkt der Verherrlichung Shri Chaitanyas in dieser Region. Mit ihm geht Bhaktivinods Traum in Erfüllung – eine Vision, die er hatte, als Mayapur noch ein einfaches Dorf war.

Eines Abends saß Bhaktivinod in seinem Haus in Mayapur, Godrumdvip, und blickte über die grünenden Felder am gegenüberliegenden Ufer der Jalangi. Da gewahrte er in der Ferne einen leuchtenden Schimmer, der aus einer bestimmten Richtung zu kommen schien. Als Bhaktivinod genauer hinsah, erkannte er, dass es sich um die Vision einer goldenen Stadt handelte, einer spirituellen Stadt, die in naher Zukunft dort entstehen würde. Die Stadt war der Verherrlichung Shri Chaitanyas gewidmet und von Menschen aller Rassen und Religionen bevölkert.

„Schließlich", überlegte Bhaktivinod, „ist Shri Chaitanya nicht erschienen, bloß um ein paar Inder zu erlösen. Sein Ziel war es, die Lebewesen aller Länder, ja des gesamten Universums zu befreien und ewige, nichtsektiererische religiöse Prinzipien zu predigen."

Bhaktivinod drückte seinen sehnlichen Wunsch aus, dass dies geschehen möge:

„Ach, käme doch der Tag, wo Engländer, Franzosen, Russen, Deutsche und Amerikaner mit Fahnen, *mridangas* [Trommeln] und *kartals* [Zimbeln] glückstrahlend durch ihre Straßen ziehen und gemeinsam *kirtan* [hingebungsvolle Lieder] singen!"

„Diese Zeit wird kommen", schrieb Bhaktivinod, „wenn im Lande Navadvip, in der Gangesebene, ein prachtvoller Tempel entsteht, der den Ruhm Shri Chaitanyas in aller Welt verkündet." Er schrieb auch über

Bhaktivinod Thakur, der Wiederentdecker Mayapurs (s. S. 113)

Shrila Prabhupada führte Bhaktivinods Werk weiter, indem er den internationalen Gebäudekomplex namens Shri Mayapur Chandrodaya Mandir erbaute.

eine große Persönlichkeit, die bald geboren werde, um diese Träume zu erfüllen.

Etwa sechzig Jahre später, im Jahre 1971, als Shrila Prabhupada mit einigen Schülern in einer kleinen Strohhütte in Mayapur lebte, sprach er über Bhaktivinods Traum von einer Pilgerstätte und einem Marmorpalast, der dort entstehen werde. Er beschrieb komfortable Räumlichkeiten für Gäste und Devotees, Themenparks mit Kühen, Elefanten, Rehen und Pfauen, ein Programm zur Armenspeisung, Schulen und einen prachtvollen Tempel. Dies war seine Vision, und seine Nachfolger bemühen sich heute, sie in vollem Maße zu verwirklichen. Offensichtlich war Prabhupada selbst jene große Persönlichkeit, die Bhaktivinoda prophezeit hatte. Er inspirierte seine Schüler, beaufsichtigte persönlich die Entwicklung des Projekts – bis hin zu den kleinsten Details –, und noch zu seinen Lebzeiten verwandelte er ein paar leere Felder in ein lebenssprühendes spirituelles Zentrum, sodass Mayapur wieder auf der Landkarte auftauchte. Er brachte Tausende von Engländern, Franzosen, Deutschen und Amerikanern dorthin, die mit *mridangas*, Fahnen und *kartals* singend durch die Straßen zogen. Und er unterwies seine Schüler, mit der Erfüllung von Bhaktivinods Vision fortzufahren.

Der Ganges

Der Ganges, der wohl bekannteste Fluss der Welt, wird von gläubigen Hindus als besonders heilig erachtet. Anhänger der Vaishnava-Tradition betrachten nur einen Fluss als heiliger als den Ganges: die Yamuna, die direkt mit Krishnas Spielen zu tun hat.

Der Ganges entspringt in den schneebedeckten Höhen des Himalaya und fließt in östlicher Richtung durch das Vindya-Gebirge. In Allahabad vereint er sich mit der Yamuna, strömt weiter ostwärts und mündet schließlich, nach etwa 2700 Kilometern, in den Golf von Bengalen.

Seit Jahrtausenden baden Heilige und Weise in den Fluten des Ganges, der für seine Reinheit bekannt ist. Daran ändert auch die Tatsache nichts, dass Millionen von Anwohnern den Fluss zum Waschen, als Toilette und zur Entsorgung von Abfällen benutzen. Obwohl der Ganges zurzeit einer Vielfalt chemischer und anderer Schadstoffe ausgesetzt ist, wird die Reinheit seines Wassers immer wieder von Experten bestätigt.

So sagte zum Beispiel Dr. John Howard Northrup, Nobelpreisträger für Chemie des Jahres 1946: „Wir wissen, dass der Ganges stark verunreinigt ist. Doch die indische Bevölkerung trinkt sein Wasser und badet in ihm, ohne dass es ihnen etwas auszumachen scheint. … Vielleicht halten Bakteriophagen [im Abfall hausende Viren, die Bakterien vernichten] den Fluss keimfrei.“ Was immer der Grund sein mag, der Ganges ist und bleibt rein – und reinigend – für alle, die in seinen Wassern baden.

WIE DER GANGES ZUR ERDE KAM

Gemäß vedischer Kosmologie gibt es in unserem Universum drei Planetensysteme: die höheren, himmlischen Planeten (nicht zu verwechseln mit dem Reich Gottes), die mittleren Planeten (zu denen auch die Erde zählt), und die niederen, höllischen Planeten. Das gesamte Universum ist in eine gigantische kosmische Schale eingeschlossen, die Millionen von Kilometern dick ist. Dahinter liegt die spirituelle Welt. In alten Traditionen heißt es, der Ganges habe seinen Ursprung jenseits der Schale der materiellen Welt.

Im *Shrimad Bhagavatam* beispielsweise wird berichtet, dass vor langer Zeit ein König namens Bali alle drei Planetensysteme erobert hatte. Er vertrieb die Halbgötter aus ihrem Reich und nahm selbst den Thron des Himmels ein. Aus Trauer um die Niederlage ihrer Söhne nahm Aditi, die Mutter der Halbgötter, ein zwölftägiges Gelübde des Fastens auf sich und betete während dieser Zeit unablässig zu Krishna. Der Herr erhörte ihr Gebet und erklärte sich bereit, die Macht der Halbgötter wiederherzustellen, indem Er sich als Vamanadeva, ein bettelnder Zwerg-*brahmana*, inkarnierte.

Shri Vamanadeva trat vor Bali Maharaja und erbat von ihm weiter nichts als drei Schritte Land. Kaum hatte Bali Ihm Seine Bitte gewährt, durchmaß Vamana mit den ersten beiden Schritten das gesamte Universum, womit Er das verlorene Eigentum der Halbgötter zurückgewonnen hatte. Bei Seinem zweiten Schritt stieß Vamanadeva mit Seinem Zeh ein Loch in die Schale des Universums, sodass ein paar Tropfen Wasser aus dem Karana-Meer in das Universum drangen. Dieses Wasser wurde zum Ganges. Der Ganges gilt als heilig und läuternd, weil er aus der spirituellen Welt kommt und den Zeh Vamanadevas berührte.

Zuerst floss der Ganges nur auf den himmlischen Planeten. Dann hatte ein großer irdischer König namens Bhagirath, ein Geweihter Shri Vishnus, den Wunsch, dass der Ganges die Erde reinige, und betete, der Fluss möge zur Erde herabkommen. Der Ganges erschien vor König Bhagirath in Gestalt einer wunderschönen Frau und erklärte sich einverstanden, ihm seinen Wunsch zu erfüllen. Aber sie stellte eine Bedingung.

„Wenn ich vom Himmel falle", so sprach die himmlische Ganga, „wird das Wasser eine große Wucht haben. Wer soll das Wasser auffangen? Wenn mich niemand auffängt, werde ich die Erdoberfläche glatt durchschlagen und zu den höllischen Planeten hinabgleiten."

Ganga bat König Bhagirath, jemanden zu finden, der sich bereit erklärte und auch in der Lage war, die Wucht ihres Aufpralls zu mindern. Um Ganga zufrieden zu stellen, betete König Bhagirath zum mächtigen Shiva und bat ihn, das Wasser mit seinem Kopf aufzufangen. Shiva kam der Bitte nach.

Seit jener Zeit fängt Shiva den Ganges mit seinem Haupte auf, und die heiligen Fluten des Ganges zieren das Antlitz der Erde. Der Berg im Himalaya und der Gletscher, aus dem der Ganges entspringt, sind nach König Bhagirath benannt. Nach Aussage der vedischen Schriften wird jeder, der im Ganges badet, von aller materiellen Verunreinigung geläutert und erlangt die Eignung, noch im gleichen Leben erlöst zu werden. Daraufhin kann er in die spirituelle Welt zurückkehren, wo der Ursprung des Ganges liegt.

Jagannath Puri

An der Ostküste Indiens, im Bundesstaat Orissa, liegt inmitten von Palmen und idyllischen Stränden die Stadt Puri. Ihre Umrisse haben die Form eines Muschelhorns, und sie ist bekannt als die Residenz Jagannaths, einer Inkarnation Krishnas in Form von heiligem Holz. Pilger aus ganz Indien kommen hierher, um dieser Gestalt des Herrn in einem von Indiens berühmtesten Tempeln ihre Ehre zu erweisen.

Der Tempel, der manchmal „Shri Mandir" genannt wird, liegt auf einer ehemaligen Anhöhe namens Nilgiri, dem „blauen Hügel". Der gegenwärtige Tempel wurde unter der Schirmherrschaft König Chadoganga Devas im zwölften Jahrhundert erbaut. Seither wurde er mehr als ein Dutzend mal renoviert, aber er steht noch immer an der gleichen Stelle wie der ursprüngliche Tempel.

Das zentrale Heiligtum des Tempels ist typisch für den Baustil Orissas. Es besteht aus einem Miniatur-Königreich in Form von vier Gebäuden: 1. dem so genannten Bhoga Mandap, wo täglich 54 Gerichte für die Bildgestalten zubereitet werden, 2. dem Nata Mandap, einer geräumigen Tanzhalle zur Freude des Herrn, 3. dem Mukhashala, wo der Herr all Seinen Geweihten *darshan* (Seine „Audienz") gewährt, und 4. dem Bada-deula, dem Haupttempel.

Mit seinen knapp siebzig Metern Höhe ist der Shri Mandir der höchste Tempel in ganz Orissa. Die reich verzierten, kunstvoll gemeißelten Tore, die den Tempel umgeben, sind einzigartig. Das Tor an der Ostseite wird das „Löwentor" genannt, und die Tore an der südlichen, nördlichen und westlichen Seite heißen Pferde- Elefanten- und Tigertor. Durch diese Tore strömen die Menschenmassen, um einen flüchtigen Anblick des Gottes Jagannath zu erhaschen.

Jagannath misst in der Höhe etwa 1,60 Meter. Zu Seiner Rechten steht Subhadra, Seine Schwester (eine Verkörperung Seiner mystischen Kraft), und zu ihrer Rechten ihr älterer Bruder Baladeva (Jagannaths unmittelbare Erweiterung). Diese Bildgestalten stellen Krishna, Seinen älteren Bruder Balaram und Seine Schwester Subhadra dar. Wie sie so auf ihren prunkvollen Altären thronen, machen sie einen majestätischen, Hingabe und Ehrfurcht gebietenden Eindruck.

Viele Bewohner Puris besuchen jeden Tag den Tempel, um sie zu sehen und etwas *mahaprasad* zu bekommen – Nahrung, die den Bildgestalten dargebracht wurde und von der täglich Tausende von Besuchern gespeist werden. Die wahre Nahrung in Puri jedoch ist spiritueller Natur, denn jeder dort wird durch die Energie Jagannaths erhalten.

Baladeva, Subhadra und Jagannath

Der uralte Jagannath-Tempel, eine der bedeutendsten Pilgerstätten Ostindiens

Das Wagenfest

Abgesehen von der Kumbha Mela ist die jährliche Ratha-yatra-Parade (das „Wagenfest“) die größte religiöse Veranstaltung Indiens. Zu diesem Anlass werden die Bildgestalten von Jagannath, Baladeva und Subhadra (siehe vorige Seite) aus dem Jagannath-Tempel herausgetragen und auf drei gigantische Wagen gesetzt, die extra für die Parade errichtet werden.

Jagannaths Wagen ragt mehr als 15 Meter in die Höhe und ist 10 Meter breit. Er bewegt sich auf 16 großen Rädern durch die Straßen. Seinem Gefährt folgen zwei weitere, etwas kleinere Wagen – einer für Baladeva und einer für Subhadra.

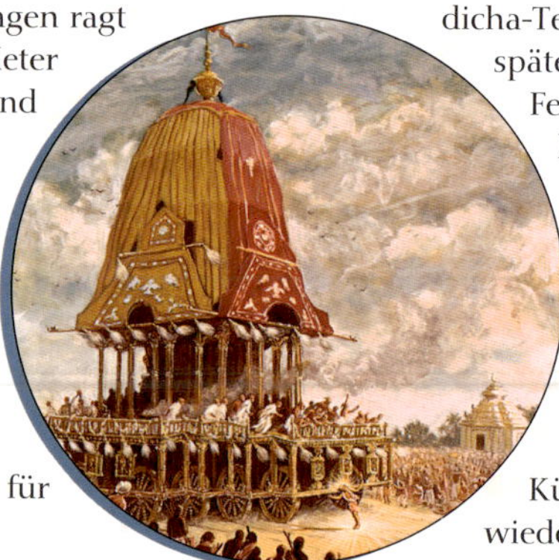

Mehrere hundert Priester kümmern sich um die Verehrung der Bildgestalten und die Überwachung der Wagen, während diese majestätisch durch die gewaltigen Menschenmengen rollen. Jeder Wagen hat vier starke Seile, die im Laufe des Festivals von insgesamt etwa 5000 Menschen gezogen werden. In der Glut der Sommerhitze folgen Millionen von Pilgern dem Zug, und der Lobgesang zu Ehren Jagannaths durchdringt den Äther: „Jaya Jagannath! Gepriesen sei der Herr des Universums!“ Nach etwa drei Kilometern gelangt die Prozession schließlich zum Pavillon des Herrn, dem Gundicha-Tempel. Sieben Tage später findet ein weiteres Fest statt: die Rückkehr des Herrn zum Jagannath-Tempel, die mit dem gleichen Glanz und Elan gefeiert wird wie die anfängliche Parade.

Dichter und Künstler haben immer wieder versucht, die Herrlichkeit der Prozession und die Schönheit Jagannaths darzustellen. Es folgt eine kleine Auswahl von volkstümlichen Versen, die das göttliche Wesen und die Schönheit Jagannaths beschreiben.

1. Manchmal veranstaltet Jagannath mit Seiner Flöte voller Freude ein lautes Konzert in den Uferhainen der Yamuna. Wie eine honigtrunkene Hummel kostet Er die die schönen, lotosgleichen Gesichter der Hirtenmädchen von Braj. O Herr des Uni-

versums, bitte offenbare Dich mir!

2. In Seiner Linken hält Jagannath eine Flöte. In Seinem Haar stecken Pfauenfedern, und Seine Hüften sind in gelbe Seidengewänder gehüllt. Aus Seinen Augenwinkeln wirft Er liebevolle Seitenblicke auf Seine Geweihten. O Herr des Universums, bitte offenbare Dich mir!

3. Wenn Jagannath auf Seinem Ratha-yatra-Wagen durch die Straßen gezogen wird, singen große Gruppen von *brahmanas* auf Schritt und Tritt laute Lieder und Gebete zu Seiner Verherrlichung, und wenn Jagannath ihre Hymnen hört, ist Er ihnen wohlgesinnt. Er ist ein Meer der Gnade und der wahre Freund aller Welten. O Herr des Universums, bitte offenbare Dich mir!

Die tiefere Bedeutung des Ratha-yatra

Shri Krishna war ein mächtiger König, doch Seine Kindheit hatte Er im Dorf Vrindavan verbracht. Dort tollte Er mit den Kuhhirtenjungen und -mädchen umher, und von ihnen allen hatte Shrimati Radharani die engste Beziehung zu Ihm.

Als Krishna Vrindavan verließ und König von Dvaraka wurde, verfiel Radharani in abgrundtiefe Trauer. Sie gab jedoch nie die Hoffnung auf, dass Krishna eines Tages zu Ihr zurückkehren würde. Diese transzendentale Sehnsucht nach Krishna, die Sie in Ihrem Herzen hegte, wird *vipralambha-bhava* genannt, „Liebe in Trennung".

Als Krishna König war, vereinbarten Er und Radharani einst ein heimliches Treffen an einem abgeschiedenen Ort in der Nähe von Kurukshetra, einem Pilgerort im Norden Zentralindiens. Doch als Radharani Krishna in Seinem prunkvollen Gewand und mit Seinen königlichen Insignien sah, sehnte Sie sich nach dem einfachen Kuhhirtenknaben, den Sie einst gekannt hatte. Sie hätte Ihn gern wieder nach Vrindavan mitgenommen.

Dieser Wunsch, Krishna wieder in die vertrauliche Atmosphäre Vrindavans zu bringen, ist die tiefere Thematik des Ratha-yatra-Festes. Wenn die Krishna-Geweihten an den langen, starken Seilen des Ratha-yatra-Wagens ziehen, ziehen sie eigentlich Krishna zurück in ihr Herz, zurück nach Vrindavan.

Radha und Krishna inkarnierten sich gemeinsam als Chai-

tanya Mahaprabhu, und in Seinem Körper waren Sie wieder miteinander vereint. In Seinen letzten Jahren offenbarte Shri Chaitanya in vollem Ausmaß das Empfinden Radharanis und beklagte unablässig die göttliche Tragödie von Radhas und Krishnas Trennung.

Jahr für Jahr feierte Shri Chaitanya das Ratha-yatra-Fest in der Gemütsstimmung Radharanis, die Krishna wieder zur einfachen, ländlichen Atmosphäre Vrindavans zurückbringen wollte. Mahaprabhu lehrte, dass dieses Gefühl der Trennung tatsächlich Krishnas Gegenwart hervorruft und letztlich zu höchster Seligkeit führt. Dies ist die esoterische Bedeutung des Ratha-yatra.

Reise-Infos

In diesem Kapitel haben wir eine kleine Auswahl der Pilgerorte Indiens vorgestellt. Wichtig für die meisten Inder sind die so genannten Saptapuris, „die Sieben Städte", auch bekannt als Mokshapuris („die Städte, die Erlösung gewähren"). Hierbei handelt es sich um Ayodhya, Mathura, Haridwar, Benares, Kanchi, Ujjain und Dvaraka. In den heiligen Schriften ist auch von sieben besonders heiligen Flüssen die Rede: Ganges, Yamuna, Godavari, Sarasvati, Narmada, Sindhu und Kaveri.

Für Gaudiya-Vaishnavas jedoch sind die wichtigsten Wallfahrtsstätten Braj (Vrindavan), Mayapur und Jagannath Puri. Wie bereits erwähnt, offenbaren heilige Pilgerorte sich uns letztlich nur durch unsere innere Meditation, doch man kann ja seine Reise beginnen, indem man die äußerlichen Aspekte des heiligen Landes erkundet. Deshalb möchten wir hier ein paar grundlegende Reiseinformationen anbieten: Landkarten sowie Informationen über Zugverbindungen, Unterkunftsmöglichkeiten und heilige Tempel.

Braj (Vrindavan)

Im Braj gibt es über fünftausend Tempel, von denen die wichtigsten die folgenden sind: Madan-mohan (die meisten Tempel sind nach ihren Bildgestalten benannt), Radha-Raman, Radha-Gokulananda, Radha-Gopinath, Radha-Shyamasundar und Krishna-Balaram. Weitere wichtige Pilgerstätten sind Radha-kunda, der Govardhan-Hügel und Krishnas Geburtsstätte in Mathura.

Neu-Delhi—Mathura: Mathura, die kleine Stadt, die mit Braj sehr eng verknüpft ist, liegt 140 Kilometer südlich von Delhi, und man braucht für diese Strecke mit dem Taxi etwa drei Stunden. Mit dem Zug (zum Beispiel mit dem Taj Express, der regelmäßig von der Bahnstation Nizamuddin abfährt und direkt an der Station Mathura Junction hält, spart man etwa eine Stunde. Mathura liegt bloß zehn Kilometer südlich von Vrindavan, und die Fahrt mit der Motorrickscha dauert gewöhnlich eine gute halbe Stunde (etwas weniger mit dem Taxi).

Unterkunft: Das stattliche ISKCON-Gästehaus in Vrindavan bietet viele westliche Annehmlichkei-

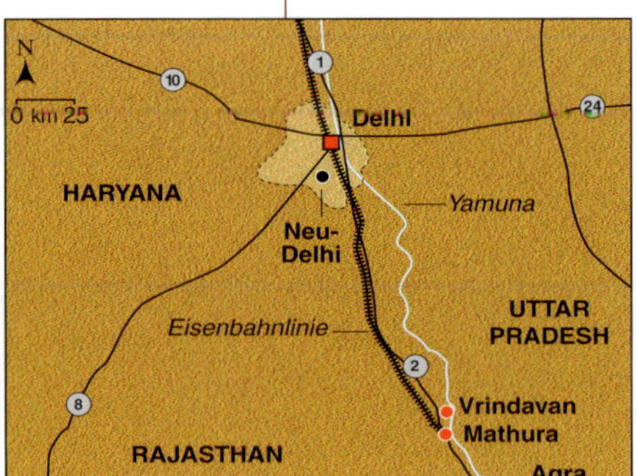

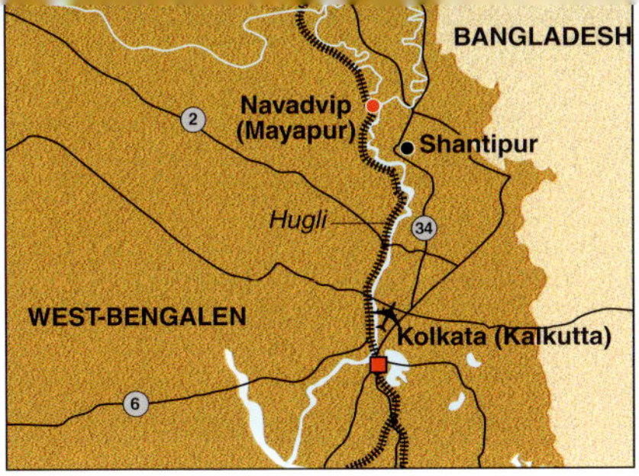

ten. Preiswerte und komfortable Alternativen sind Jai Singh Gera beim Radha-Raman-Tempel sowie der Maheshvari-Ashram. Empfehlenswert in Mathura sind die Hotels Agra und Radha-Ashok.

Mayapur

In Mayapur findet man heilige Stätten, die sich auf die Spiele Shri Chaitanyas und Seiner Gefährten beziehen, insbesondere Shri Chaitanyas Geburtsstätte. Einige Ruinen aus Shri Chaitanyas Zeiten sind heute Touristenattraktionen, und einige sind vom Archeological Survey of India renoviert worden. Besonders erwähnenswert: Auf dem Parkplatz der ISKCON Mayapur findet man täglich zehn bis zwanzig Luxus-Touristenbusse aus Kolkata und Umgebung vor. Die Hauptattraktion in Mayapur ist der ISKCON-Tempelkomplex. Auch Shri Chaitanyas Geburtsstätte wird viel besucht.

Kolkata—Navadvip/Mayapur: Mayapur liegt 120 Kilometer nördlich von Kolkata. Obgleich das Taxi wohl das beste Verkehrsmittel zum heiligen *dham* ist, nehmen viele Pilger einen Zug von den Bahnstationen Shealdah oder Howrah nach Krishnanagar bzw. Navadvip. Von Navadvip nimmt man eine Rickscha zur nahe gelegenen Fährstation, wo die Pilger über den Ganges gebracht werden. Am anderen Ufer angekommen, befindet man sich am Stadtrand Mayapurs. Auch hier gibt es wieder eine Rickschaverbindung ins Ortszentrum. Eine Alternative ist der Kamrup-Express; aber auch hier muss man mehrmals umsteigen. Ansonsten gibt es eine frühmorgendliche Busverbindung von der Haltestelle Esplanade in Kolkatas Geschäftsviertel, aber die Fahrt dauert relativ lange, da der Bus oft hält. Schließlich kann man auch den ISKCON-eigenen „Mayapur-Bus“ nehmen, der täglich in beiden Richtungen verkehrt.

Unterkunft: Zentral gelegen ist das Hotel Janbhitirtha. Die besten Zimmer gibt es jedoch auf dem ISKCON-Gelände: preisgünstig im „Chakra“, teurer, aber komfortabler im „Lotos“. ISKCON Mayapur hat noch mehrere andere Gästehäuser („Gada“, „Shankh“ und „Vamsi“) mit Hunderten von exzellenten Zimmern.

Jagannath Puri

Jagannath Puri ist die Residenz Shri Jagannaths und der Ort, an dem Shri Chaitanya die letzten achtzehn Jahre Seines irdischen Lebens verbrachte. Somit ist Puri eine Zufluchtsstätte für spirituelle Sucher, aber gleichermaßen ein Seebad von tropischer Schönheit.

Bhubaneswar—Puri: Der Puri am nächsten gelegene Flugplatz ist Bhubaneswar. Die Indian Airlines fliegt von Delhi, Kolkata, Hyderabad, Chennai (Madras) und Mumbai (Bombay) nach Bhubaneswar.

Wenn man von Delhi nach Puri möchte, kann man den Neelachal-Express nehmen; damit ist man knapp 32 Stunden unterwegs. Von Kolkata aus ist man mit dem Howrah-Puri-Express nach elf Stunden am Ziel. Etwas zeitsparender ist in beiden Fällen gewöhnlich der Bus. Von Bhubaneswar kommt man, per Bus oder Bahn, in etwa zwei Stunden nach Puri.

Unterkunft: Puri wird das ganze Jahr über von Touristen besucht; folglich gibt es dort viele Hotels, Jugendherbergen und Ashrams. Im Norden der Stadt, nahe der Chakra Tirtha Road, gibt es eine Reihe kostengünstiger Hotels. Das beliebteste darunter ist das Puri-Hotel, mitten im Touristenviertel gelegen und nicht weit von der Beach Sea Road entfernt. Für höchste Ansprüche sind die Hotels Nilachal Ashok und Mayfair Beach Resort zu empfehlen.

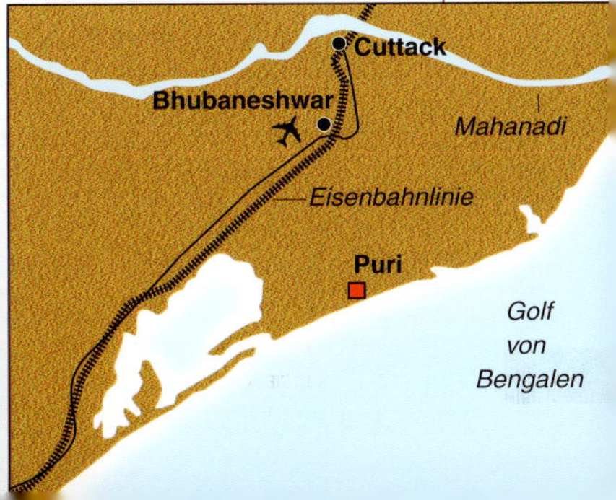

„In den Traditionen der Krishna-Verehrung … ist die Verbindung von Ästhetik und Religion am stärksten ausgeprägt. Nirgendwo anders … kommt der Ästhetik ein solcher Stellenwert zu wie in der Krishna-Verehrung, denn Krishna wird als der Allbetörende beschrieben, und in allen Künsten hat man immer wieder versucht, Seine Schönheit darzustellen.“

— Donna M. Wulff

Dozentin für Religionswissenschaft, Brown University

Kunst 8

Die schönen Künste

Für Vaishnavas besteht zwischen Kunst und Yoga kein Widerspruch, ja sie ergänzen einander. Im Allgemeinen geht es auf dem Pfade des Yoga um die Beherrschung der Sinne und das Abstandnehmen von sinnlicher Erfahrung. Vaishnavas hingegen beschreiten den Pfad des *bhakti-yoga*, auf dem die Sinne für die Suche nach dem Göttlichen gebraucht werden. In diesem Zusammenhang erklärt der Schriftsteller Ananda Coomaraswamy (1877–1947), langjähriger Abteilungsleiter für Indische Kunst am *Museum of Fine Arts* in Boston, dass die künstlerische Inspiration in Indien „dem Geiste der Verehrung entspringt – der innigen, leidenschaftlichen Hingabe an eine persönliche Gottheit". Er weist darauf hin, dass in Indien die Absicht „des Liebenden" (d. h. des Künstlers) darin besteht, „eine persönliche Beziehung mit dem Objekt seiner Liebe [d. h. mit Gott] herzustellen", und dass das „plastische Symbol" (d. h. das Kunstwerk) überhaupt erst zu diesem Zweck in Angriff genommen wird.

Es ist also nicht erstaunlich, dass bildende Kunst in der Vaishnava-Welt eine bedeutende Stellung einnimmt. Vaishnavas werden in der Tat manchmal als „asketische Ästheten" bezeichnet – Yogis, die die Bedeutung der Schönheit für die Entwicklung einer Beziehung zur Gottheit anerkennen. Die unglaublich lebhaften und detaillierten Geschichten Krishnas, wie man sie im *Bhagavat Purana* und in Jayadevas *Gita-govinda* findet, haben im Laufe der indischen Geschichte den Schaffensdrang zahlloser Bildhauer und Maler angeregt.

Die ältesten Krishna-Skulpturen sind einfache, meist aus Stein gehauene Plastiken und stammen aus der Kushana-Periode in Mathura (2. bis 3. nachchristliches Jahrhundert). In späteren Jahrhunderten

haben vor allem südindische Bildhauer auch Metall, Terrakotta und Holz verwendet.

Der bedeutendste Zeitraum indischer Plastik – und indischer Kunst im Allgemeinen – war die klassische Periode unter der Gupta-Dynastie (4. bis 6. Jahrhundert n. Chr.). Der berühmte Indologe A. L. Basham (1914–1986) schreibt: „Die Skulptur der Gupta-Periode strahlt Heiterkeit, Geborgenheit und Gewissheit aus. Dies war die Zeit, in der die meisten von Indiens echten religiösen Kunstwerken entstanden."

Während der Mogul-Dynastie erlebte Indien eine Blütezeit der Malerei. Die damaligen moslemischen Herrscher förderten die Vaishnava-Künste in großem Stil. So beauftragte Kaiser Akbar (1556–1605) zahlreiche Maler, Szenen von berühmten Klassikern wie dem *Ramayana* und dem *Mahabharata* darzustellen. Die indischen Miniaturen dieser Epoche waren von äußerst anmutiger Schönheit und erreichten einen neuen Höchststand technischer Perfektion.

In den achtziger Jahren des siebzehnten Jahrhunderts rief Raj Kirpal Pal, der König des Staates Basohli, ein Förderprogramm für Vaishnava-Künstler ins Leben. Darstellungen von Krishna als Butterdieb, Krishna und den *gopis* beim Tanzen, Krishna auf dem Schoß Mutter Yashodas oder Krishna als Liebhaber Radharanis brachten starke Emotionen zum Ausdruck.

Im 18. Jahrhundert schufen die Maler des Staates Kangra Werke von hinreißender Schönheit. Das Hauptthema ihrer Bilder ist Krishna als göttlicher Liebhaber, und die Quellen ihrer Inspiration waren wiederum das *Bhagavat Purana* und das *Gita-govinda.*

Vorboten der modernen Krishna-Malerei sind Jamini Roy und George Keyt, die sich in der ersten Hälfte des 20. Jahrhunderts einen Namen machten. Auf Hunderten von Roys Gemälden sieht man Krishna als Flötenspieler und Tänzer, während Keyt auf seinen Ölgemälden und Strichzeichnungen Szenen aus dem *Gita-govinda* festhielt. Erwähnenswert sind außerdem B. G. Sharma, dessen Krishna-Gemälde wohl die populärsten unserer Zeit sind, und ISKCONs „neovedische" Werke, auf denen traditionelle Themen im Stil europäischer Meister dargestellt sind.

Dichtung

„Wie lieblich ist die Wohlgestalt meines geliebten Herrn!
Lieblicher noch Sein Antlitz, mit Zügen gar so fein.
Am lieblichsten jedoch, so glaube es mir gern,
Ist Sein sanftes Lächeln, wie Honig so süß und rein.“ –Bilvamangala

Einer von Krishnas vielen Namen ist Uttamashloka – „jemand, der mit den erlesensten Worten gepriesen wird“. So wird beispielsweise Krishnas Körpertönung mit einer dunklen Regenwolke verglichen, Seine Augen mit Lotosblumen und die Ausstrahlung von Seinen Zehennägeln mit dem Schein des kühlenden Herbstmonds. Ohne poetische Sprache und spirituelle Erkenntnis, so sagte Chaitanya, sei es unmöglich, spirituelle Themen zu beschreiben.

Ein Beispiel solch spirituellen poetischen Einblicks sind die Verse Jayadevas, eines weisen Dichters aus dem 12. Jahrhundert. Jayadevas *Gita-govinda* besteht aus übersprudelnden Ergüssen göttlicher Liebe zu Radha und Krishna. Mirabai, eine *bhakti*-Dichterin des 16. Jahrhunderts, preist „den Dunklen“ (Krishna) mit inbrünstiger spiritueller Liebe. Weitere bedeutende Vaishnava-Dichter sind Antal und Nammalvar (9. bzw. 10. Jahrhundert), Bilvamangala (11. Jahrhundert), Chandidas (14. Jahrhundert), Surdas, Rupa Gosvami, Kavi Karnapura (16. Jahrhundert) und Narottam Das Thakur (17. Jahrhundert).

Obwohl die meisten der oben genannten Dichter in Regionalsprachen wie Braj-bhasha oder Bengali schrieben, stützten sie sich alle auf Kavya, die klassische Lehre der Sanskritdichtkunst. Sie schöpften also aus einer Fundgrube von Stilfiguren, wie Alliteration *(anupras)* und Reim *(antanupras)*, Metaphern, Vergleiche und Doppeldeutigkeit – alles um Krishna zentriert.

Die frühesten Vaishnava-Gedichte, wie die des *Shrimad Bhagavatam*, waren in Sanskrit verfasst. Die spätere Sanskritliteratur brachte eine neue Dichtform hervor, das so genannte *stotra* (von der Verbwurzel *stu*, „preisen, lobsingen, rühmen"). Heute sind das *stotra* und zahlreiche andere literarische Gattungen wie die *champu* (eine Mischung aus Poesie und Prosa) wohletablierte Ausdrucksformen der indischen *bhakti*-Dichtkunst. Doch egal in welcher Sprache und welcher Form Vaishnava-Gedichte verfasst sind, sie deuten auf ein und dieselbe Schlussfolgerung, die sich am treffendsten in den Worten eines unbekannten Vaishnava-Dichters zusammenfassen lässt, der vor langer Zeit schrieb: „O Krishna, ohne Dich gibt es nur Dunkelheit!"

RASA-THEOLOGIE: Die Beziehung zu Gott in der Dichtkunst

Ein Schlüsselelement in der Vaishnava-Dichtkunst ist der Begriff *rasa.* In den Naturwissenschaften (z.B. im *Ayurveda*) wird dieses Wort nicht immer gleich definiert, in der Poesie und der Theologie hingegen bedeutet *rasa* im Allgemeinen „Geschmack", mit Nuancen wie „dramatisches Empfinden" oder „ästhetischer Genuss".

Das Wort *rasa* lässt sich bis zur *Taittiriya Upanishad* zurückverfolgen, wo es heißt: *raso vai sah.* Das bedeutet: „Die höchste Wahrheit wird in der spirituellen ästhetischen Erfahrung wahrgenommen." Um die Bedeutung dieser Aussage näher zu beleuchten, wollen wir einen Blick in Bharatas *Natya-shastra* werfen, wo man eine frühe Form der *rasa*-Theorie vorfindet. Seine Theorie beruhte auf einer einfachen Prämisse: Wenn eine Empfindung in bestimmten Umständen und durch bestimmte Gesten und Worte hervorgerufen wird, so kann eine Nachbildung jener Umstände, Gesten und Worte in einem feinfühligen, kultivierten Zuschauer (und natürlich auch in dem Schauspieler) eine ähnliche Empfindung hervorrufen. Ein solcher kultivierter Zuschauer wurde *rasika* genannt, jemand, der den wahren Geschmack oder die Empfindung einer Theatervorstellung zu kosten vermochte.

Im 9. Jahrhundert wurde Bharatas Idee von Anandavardhana auf Poesie und alle anderen ästhetischen Erfahrungen ausgeweitet. Im 11. Jahrhundert entwickelte Abhinavagupta das Konzept seiner Vorgänger weiter, indem er die wichtige Verbindung zwischen ästhetischer Erfahrung und religiöser Transformation herstellte. Im gleichen Jahrhundert war es dann Bhoja, der noch einen Schritt weiter ging und den *madhurya-rasa,* die Stimmung ehelicher Liebe, in den Vordergrund rückte. All diese Neuerungen wurden von den zeitgenössischen Vaishnava-Theologen angenommen und umgesetzt, und seit dem 12. Jahrhundert erschienen Dichtungen wie Jayadevas *Gita-govinda,* in denen die Methodologie und die Terminologie von Ästhetiktheorie und Poesie zu voller Anwendung kamen.

Die Entwicklung der *rasa*-Theorie erreichte ihren Höhepunkt in den Werken der sechs Gosvamis von Vrindavan (16. Jahrhundert), besonders in den Werken Rupa Gosvamis. Er ersetzt den kultivierten *rasika*-Zuschauer mit dem *rasika-bhakta,* dem reifen Geweihten Krishnas, und das Thema seiner Stücke sind die ewigen Spiele Krishnas, nicht mehr fiktive, menschengemachte Dramen. Liebe zu Krishna *(krishna-rati)* war jetzt die vorrangige Empfindung *(sthayi-bhava),* eine Empfindung, die auf einer dauerhaften Beziehung beruht anstatt auf den vergänglichen Gefühlen, die das weltliche Schauspiel kennzeichnen. Abgesehen von diesem bedeutenden Unterschied besteht zwischen dem *rasa* der Liebe zu Krishna und dem der ästhetischen Theorie eine starke Ähnlichkeit: *Rasa,* so heißt es, werde durch eine vielschichtige Serie zueinander passender Reize *(vibhavas),* Gefühle *(anubhavas)* und untergeordneter Gefühle *(vyabhichari-bhavas)* erweckt. Wenn aber der *rasa* der *krishna-bhakti* in rechter Weise erweckt wird, wird er den Zuschauer auf eine Weise bewegen, wie es in gewöhnlichen Schauspielen nicht möglich ist. Ausbrüche hingebungsvoller Ekstase *(sattvika-bhavas)* wie Weinen und Gänsehaut werden sich an seinem Körper zeigen, und sein Herz wird vor Liebe zu Gott schmelzen.

Schauspiel

„Die Bedeutung der Vaishnava-Dramen ... geht weit über ihre unbestrittene Funktion der Unterhaltung hinaus. Ihre Handlung ist vielschichtig angelegt, sie haben einen breiten Wirkungskreis, vermitteln effektiv religiöse Erfahrung und sind ein wichtiges Mittel der Bildung in der Gesellschaft, in der wir sie vorfinden."

– Norvin Hein
Emeritierter Professor, Yale University

Das Sanskritwerk *Natya-shastra* des Weisen Bharata Muni gilt als eine der ältesten Abhandlungen über Dramaturgie und Stückeschreiben. In einer Geschichte dieses Buches wenden sich die Halbgötter mit folgenden Worten an den Schöpfergott Brahma: „Wir wünschen uns Unterhaltung, und zwar in einer künstlerischen Ausdrucksform, die mit optischen, musikalischen und dichterischen Mitteln inneren Auftrieb verschafft." Als Antwort auf ihre Bitte erschuf Brahma das Schauspiel, und er sprach: „Das Drama wird in dieser Welt eine Quelle der Belehrung sein."

Im *Natya-shastra* legt Bharata Muni nicht nur Richtlinien für das Schreiben von Bühnenstücken nieder, sondern gibt auch genaue Anleitungen zu ihrer Aufführung. Er teilt die dramaturgische Wissenschaft in vier Bereiche auf: *vachika* – die Kunst der Artikulation und des sprachlichen Ausdrucks; *angika* – Körperhaltung, Gesten und Mimik; *aharya* und *nepathyaga* – Schminke und Kostüme sowie Requisiten und Bühnenschmuck; und *sattvika* – die Anpassung des Bewusstseins des Schauspielers an seine Rolle und die Gefühle, die er vermitteln soll.

Gewisse Elemente des Sanskritdramas sind den Veden entlehnt. So findet man die Rezitation im *Rig Veda*, Lied und Gesang im *Sama Veda*, die Kunst der Darstellung im *Yajur Veda* sowie Empfindungen und Gefühle im *Atharva Veda*.

So wie der Begriff *rasa* (wörtlich: der „Geschmack", den man an einer bestimmten Beziehung zum Herrn findet) ein wesentliches religiöses Element der vedischen Literatur darstellt, ist er auch ein Kerngedanke der indischen Dramentheorie. Das traditionelle Ziel eines Vaishnava-Schauspielers besteht darin, den Zuhörern den *rasa* eines Stücks zu vermitteln und so tief empfundene Reaktionen in ihnen hervorzurufen. Der Bühnendichter und die Darsteller wollen, dass das Publikum die Vielschichtigkeit des *rasa* erfühlt und verinnerlicht, ja dass jeder von einer

Erfahrung ergriffen wird, die einerseits lehrreich, aber gleichzeitig auch emotional geprägt ist.

Folglich haben Vaishnavas ihre Freude an dramatischer Literatur. Man sagt, Philosophie und Theologie kämen am besten in der Dichtung und im Schauspiel zum Ausdruck. Ein einziges Gedicht oder ein Theaterstück sollen eher religiöse Gefühle und Erkenntnisse hervorrufen als Tausende von Seiten logischer Argumente. Wie jede andere Erfahrung lässt sich auch die religiöse Erfahrung mit bloßen Worten nur unvollkommen vermitteln. Wenn jedoch die Sinne von der Wahrnehmung einer Theatervorstellung gefesselt sind, rückt die Realität, in die der Dichter das Publikum hineinversetzen möchte, in greifbare Nähe.

So kommt es, dass Vaishnava-Autoren eine große Vielfalt von Dramen verfasst haben. Eines der ersten (ca. 1. Jahrhundert n. Chr.) ist der Fünfakter *Balcharita*, der von den Kindheitsspielen Krishnas handelt und dem Dichter Bhasa zugeschrieben wird. Einige Jahrhunderte später verfasste der Bühnenautor Shesha Krishna ein dem *Balcharita* nachempfundenes Drama namens *Krishnakavi*. Manche dieser alten Schauspiele werden noch heute aufgeführt, zum Beispiel einmal pro Jahr von der Ras-Lila-Theatergruppe in Braj.

Zwei frühe Gaudiya-Vaishnava-Dramen sind Ramananda Rays *Jagannath-vallabha-natakam* und Kavi Karnapurs *Chaitanya-chandrodaya-natakam* (beide etwa 16. Jahrhundert). Ersteres dreht sich um die Liebe Radhas und Krishnas, während letzteres das Leben Shri Chaitanyas schildert. Rupa Gosvamis *Vidagdha-madhava*, ein Schauspiel über Krishnas vertrauliche Spiele in Vrindavan, sowie sein *Lalita-madhava*, das sich mit Krishnas späterem Leben in Dvaraka befasst, sind die wohl bekanntesten Schauspiele des Gaudiya-Vaishnava-Kanons.

Auch Shri Chaitanya Mahaprabhu führte mit Seinen Gefährten Theaterstücke auf. Seine Biographen weisen insbesondere auf Seine Rolle als Rukmini hin, Krishnas Gemahlin in Dvaraka. Wenn Mahaprabhu das Kostüm für diese Rolle anlegte und sich die Schminke auftrug, schlüpfte Er praktisch in Rukminis Haut. Sein Auftritt war so authentisch, dass die Vaishnavas vergaßen, dass es nur ein Theaterstück war.

DAS ERHABENSTE DRAMA

Für Rupa Gosvami und andere Vaishnava-Theologen ist das einzige Schauspiel, das echten *rasa* (Geschmack) hervorrufen kann, das göttliche Spiel Krishnas, das als höchste Realität angesehen wird. David Haberman, außerordentlicher Professor für Religionswissenschaften an der Indiana University, schreibt: „Den größten Wert legt Rupa in seinen Theaterstücken nicht darauf, das Publikum aus der Alltagswelt herauszuheben; es geht ihm vielmehr darum, ein Medium zu schaffen, durch das man in die Lage versetzt wird, an dem einen, wahren Drama teilzunehmen. … Für Gaudiya-Vaishnavas ist Erlösung gleichbedeutend mit der ewigen Teilnahme an diesem absoluten Drama."

Tanz

„In der spirituellen Welt", so sagen Vaishnava-Dichter, „ist jedes Wort ein Lied und jeder Schritt ein Tanz." Krishna tanzt auf den Häuptern der Schlange Kaliya, und mit den *gopis* tanzte Er in der berühmten *rasa-lila*. Oft begegnet man sogar der Vorstellung, die gesamte materielle Schöpfung sei nichts weiter als der kosmische Tanz Shivas. Als Erwiderung auf den transzendenten Tanz Gottes tanzen Seine Geweihten für Ihn.

Ekstatisches Tanzen war ein wesentlicher Bestandteil Shri Chaitanyas nächtlicher *kirtans* (*kirtan* – Verherrlichung des Herrn durch Gesang). Seit jener Zeit (16. Jahrhundert) ist leidenschaftliches Tanzen ein charakteristisches Merkmal des Gaudiya-Vaishnava-*kirtans*.

Tempeltänzer wie die Devadasis in Puri gelten als fortgeschrittene Devotees, genauso wie die in Gott versunkenen wirbelnden Derwische des Sufismus. Wie die anderen Elemente der Tradition ist auch der heilige indische Tanz zu einer hoch entwickelten Kunstform ausgereift, bestehend aus *mudras* (Handgesten), *abhinayanas* (Gesichtsausdrücke und körperliche Bewegungen) und *gati* (kunstvolle Beinarbeit). Es gibt vier Haupttraditionen des indischen Tanzes, von denen jede sich durch ausgeprägte stilistische und technische Eigenheiten auszeichnet: Bharat Natyam (aus dem südlichen Tamil Nadu); Kathakali (aus Kerala); Kathak (aus dem nördlich gelegenen Bundesstaat Uttar Pradesh) und Manipuri (ein Tanz aus dem östlichen Bundesstaat Manipur). All diese Formen des Tanzes sowie andere Arten des klassischen und volkstümlichen Tanzes werden in der Vaishnava-Tradition dazu benutzt, die Spiele Krishnas und Seiner zahlreichen Inkarnationen darzustellen.

Der traditionelle indische Tanz ist nicht nur eine schöne Erfahrung für Auge und Ohr, sondern wirkt auch anregend auf den Geist. Inhaltlich geht es dabei meist um eine Geschichte aus dem Leben Krishnas und anderer göttlicher Persönlichkeiten. Tanzen ist ein Ausdruck der impulsiven Hingabe an Gott.

EINIGE MUDRAS UND IHRE BEDEUTUNG

Vishnu

Shiva

Frau

Pfau

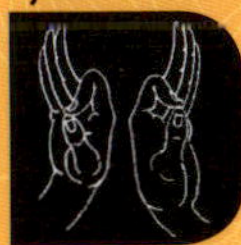

Blume

Halbmond

schön

traurig

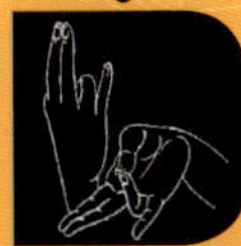

Musik

„Musik ist der einzige unverkörperte Eingang in eine höhere Welt des Wissens.“
– Ludwig van Beethoven

„Musik ist Verherrlichung Gottes. Musik preist Ihn besser als das prunkvollste Kirchengebäude; Musik ist der Kirche größte Zier.“
– Igor Strawinsky

Wie durch Musik, Lobeshymnen und die musikalische Verherrlichung Gottes innere Freuden erweckt werden, ist eine Art akustischer Theologie. Durch solche Musik wird sowohl dem Künstler als auch dem Publikum das Göttliche in einer Weise zugänglich, wie es durch ein anderes Medium kaum möglich ist. Im Vishnuismus, dessen mystische Tradition seit Jahrtausenden eng mit der Musik verwoben ist, tritt diese Tatsache deutlich zutage.

Gottheiten sind oft Musiker. Die Göttin Sarasvati spielt ihre *vina* (eine indische Laute), der himmlische Weise Narada die seine, und so ziehen beide singend und musizierend durch den materiellen Kosmos. Krishna betört die Welt mit dem lieblichen Klang Seiner magischen Flöte, und Shiva tanzt den kosmischen Tanz der Vernichtung, während er seine *dindin*-Trommel schlägt.

Die reiche Tradition nordindischer Vaishnava-Musik hat eine Vielfalt von ausgeprägten Stilrichtungen hervorgebracht.

Die Musikstile der Gaudiya-Vaishnavas, wie Narottam Das' Garanhati, Shrinivas' Manohar Shahi und Shyamanandas Reneti, zeichnen sich durch unterschiedliche Techniken aus. Garan-hati fängt beispielsweise langsam und melodisch an, mit einem einfachen Takt, steigert sich allmählich zu einer Vielfalt von Klängen und schließlich zu einem Crescendo mit ekstatischem Tanz und Gesang. Im Gegensatz zu anderen Formen des *kirtan* hört man bei dieser Art der Vaishnava-Musik zunächst immer einen *Gaura-chandrika*-Lobgesang (Gebete, die Shri Chaitanyas Identität als Krishna besingen), bevor Krishna direkt gepriesen wird.

Alle Formen des nordindischen

kirtans haben jedoch gemeinsame Grundelemente: tonale und polytonale Rhythmen *(tala)*, bewährte melodische Muster *(raga)*, Mimik *(abhinaya)* und Tanz *(natyam)*.

Im Süden findet man eine ähnlich ausgeprägte musikalische Tradition vor wie im Norden. Die so genannte Technik des *araiyar* („sprechen", „verkünden") wird meist mit den tanzenden Sängern der bedeutendsten Shrivaishnava-Tempel in Verbindung gebracht. Charakteristisch für den *araiyar* sind seine faszinierenden Gesangstechniken und Tanzstile. An bestimmten Feiertagen finden auch Theatervorstellungen statt. *Divya Prabandham*, das sakrale Dichtwerk der Alvars, ist die Grundlage für die zahllosen Musikstile des Südens, also auch für den *araiyar*.

Die südindische Vaishnava-Musik wurde von Devotee-Musikern wie Purandara Das und Tyagaraj entwickelt, die Vaishnava-Musik in Karnataka populär machten. Die zahlreichen Formen der Vaishnava-Musik werden zurzeit von der Musikakademie in Madras dokumentarisch festgehalten. Die Musikwissenschaftler dort haben offiziell den folgenden Spruch als ihr Motto gewählt: *kanu bina gita nahi*: „Ohne Krishna kann es kein Lied geben."

TRADITIONELLE VAISHNAVA-MUSIKINSTRUMENTE

In der Vaishnava-Musik gibt es keine Beschränkung für die Wahl der Musikinstrumente, aber meist wird man den folgenden Instrumenten begegnen:

1. **Mridanga (Khol):** eine Doppeltrommel aus Ton. Ein ähnliches Instrument, die Pakhawaj, wird aus Holz gefertigt und unterscheidet sich in Klang und Aussehen von der traditionellen *mridanga*.
2. **Kartals:** Handzimbeln, mit denen der Takt angegeben wird und die auf fast hypnotische Weise die Aufmerksamkeit der Zuhörer auf die Musik lenken.
3. **Vishana (Horn):** Gelegentlich werden während des *kirtans* Hörner verwendet, und zwar auf willkürliche Weise.
4. **Harmonium:** ein Tasteninstrument, bei dem die Töne durch einen Luftstrom erzeugt werden, der mit Hilfe eines Blasebalgs durch Rohrblättchen gepumpt wird.
5. **Vina:** ein lautenartiges Instrument der Zitherfamilie. Die *vina* hat sieben Saiten, die auf einen birnenförmigen Klangkörper mit Bundhals gespannt sind.
6. **Tanpura:** Saiteninstrument ähnlich der Sitar, dessen Klangkörper meist aus einem ausgehöhlten Kürbis besteht. Ihre vier summenden Saiten werden nacheinander gezupft. Die *tanpura* wird meist zur Begleitung anderer Instrumente verwendet.

„Wer ist ein Yogi? Wer ist ein Priester? Nicht nur ein paar Privilegierte können dem Pfad des Yoga folgen oder im Tempel Opfer verrichten. Jeder, egal von welcher Kaste oder welchem Geschlecht, kann ein Yogi der Hingabe sein oder kann einfach die Früchte seiner Arbeit dem Herrn darbringen."

— Diana L. Eck
Abteilung Sanskrit und Indologie, Harvard University

Devotees

9

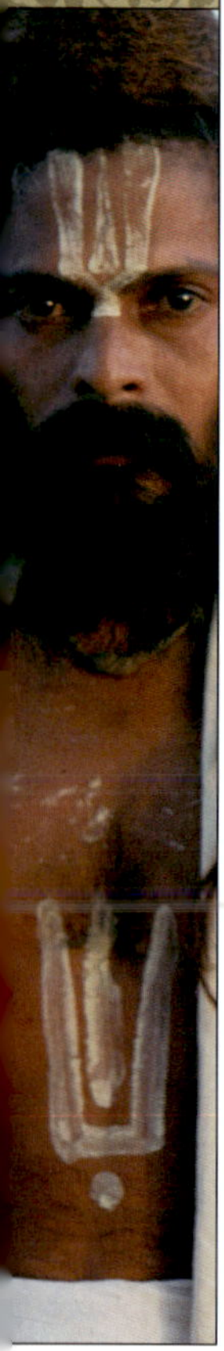

Was ist ein Devotee?

Ein Devotee *(bhakta)* ist jemand, der dem Pfad des *bhakti-yoga*, des hingebungsvollen Dienstes am Höchsten (Krishna oder Vishnu), folgt. Während man im *karma-yoga* mit dem Körper tätig ist und im *gyana-yoga* mit dem Geist, umfasst *bhakti-yoga* beide Pfade und bezieht darüber hinaus auch noch das Herz ein. Nach Aussage der Vaishnava-Schriften hat jemand, der als *bhakta* tätig ist, bereits in einem vorangegangenen Leben die Vollkommenheit der anderen Yoga-Pfade erreicht.

Im weitesten Sinne braucht ein *bhakta* sich noch nicht einmal einer Beziehung mit dem Höchsten bewusst zu sein. Jedes Lebewesen ist einfach aufgrund seiner Existenz als Teil Gottes ein *bhakta*. Folglich heißt es in den Vaishnava-Schriften, dass jede lebende Seele von Natur aus ein Diener Krishnas ist. Nach dieser Definition ist jede Pflanze, jedes Tier usw. ein Devotee.

Eine üblichere Definition findet man im *Chaitanya-charitamrita*, wo Shri Chaitanya selbst sagt, dass jeder, der eine Wertschätzung für den heiligen Namen des Herrn hat, als *bhakta* anzusehen sei. Auf diesem Pfad ist also eine bloße Wertschätzung erforderlich. Auch Angehörige anderer Glaubensrichtungen sind *bhaktas* – in dem Maße, wie sie mit dem Wesentlichen ihrer Tradition vertraut sind und die Verherrlichung Gottes zu würdigen wissen. Eine derartige nichtsektiererische Definition eines *bhakta* erkennt man zum Beispiel in einer Aussage des großen Vaishnava-Lehrers Bhaktivinod Thakur, der beim Betreten einer christlichen Kirche einst anerkennend bemerkte: „Wie vortrefflich mein Herr hier verehrt wird!"

Auf der höchsten Ebene des *bhakti*-Pfades befindet sich der so genannte reine Devotee – womit wir bei der

anspruchsvollsten Definition des Begriffs *bhakta* angelangt wären. Als reiner *bhakta* gilt jemand, in dessen Herzen sich spontane Liebe zu Gott entwickelt hat. Bevor ein *bhakta* diese Stufe erreicht, verrichtet er seine Tätigkeiten im *bhakti-yoga* aus einem Pflichtgefühl heraus, mag jedoch von wahrer liebender Hingabe, dem Kennzeichen echter *bhakti*, weit entfernt sein. Die Gemeinschaft mit einem solchen reinen *bhakta* führt den Devotee zur Gemeinschaft mit Krishna.

DAS GURU-PRINZIP

Wenn Menschen die Begriffe „Guru“ oder „spiritueller Meister“ hören, denken sie vielleicht an ehrbare Lehrer, vorbildliche Menschen, die sie selbst oder ihre Freunde kennen. Dabei könnte es sich um einen Priester, einen Rabbi oder einen Yoga-Lehrer handeln. Die Wörter könnten aber auch Bilder von opportunistischen Hochstaplern hervorrufen, von kontroversen Swamis, die andere für ihren persönlichen Luxus und Reichtum sowie für ihre Machtgelüste ausnutzen. Was ist eigentlich genau ein Guru, und was haben die Schriften zu diesem Thema zu sagen?

Zunächst wollen wir unser Augenmerk auf zwei hauptsächliche Punkte richten – erstens auf die Frage der Notwendigkeit: Braucht man für spirituelle Dinge einen Guru? Und zweitens: Wie kann man beurteilen, ob jemand, der behauptet, ein Guru zu sein, dies zurecht tut?

Die vedischen Schriften erklären, dass man im spirituellen Bereich genauso einen Lehrer braucht wie in jedem anderen Wissensbereich. Obwohl der heilige Thomas von Aquin für seinen scharfen philosophischen Verstand weithin bekannt war, studierte er unter Albertus Magnus. Aristoteles ließ sich von Platon belehren, und Platon studierte unter Sokrates. Als Krishna in diese Welt kam, nahm Er Sandipani Muni als Seinen spirituellen Mentor an. Chaitanya Mahaprabhu lernte von Ishvara Puri. Wie wir also sehen, braucht man trotz spiritueller Qualifikationen einen spirituellen Lehrer. Die Schriften bestätigen diesen Punkt: „Um die Wissenschaft der Transzendenz zu erlernen, muss man sich an einen echten spirituellen Meister [Guru] in der Schülernachfolge *[shrotriyam]* wenden. Der echte spirituelle Meister ist in der Absoluten Wahrheit verankert *[brahmanishtham]*.“ (*Mundaka Upanishad* 1.2.12)

Dieser Vers betont nicht nur die Wichtigkeit der Annahme eines spirituellen Meisters, sondern führt auch zu unserer zweiten Frage: Worin bestehen die Qualifikationen eines echten spirituellen Meisters? Das Wort *shrotriyam* weist darauf hin, dass der Guru einer historischen Nachfolge von Lehrern angehören muss, dem so genannten *sampradaya*. In den Puranas werden vier solche echten Traditionen erwähnt: der Shri-sampradaya, der Rudra-sampradaya, der Kumara-sampradaya und der Brahma-sampradaya. Die Puranas prophezeien auch die vier herausragenden Vertreter dieser *sampradayas:* Ramanuja, Vishnusvami, Nimbarka und Madhva. Ein Vaishnava-Guru muss mit einer dieser vier Traditionen verbunden sein.

Außerdem muss das vom Guru gelehrte Wissen in seinem Kern mit *shastra* (den heiligen Schriften) und *sadhu* (den echten Heiligen aller Zeiten) übereinstimmen. Der Guru muss den Pfad der spirituellen Erleuchtung gegangen sein und „in der Transzendenz verankert" sein *(brahmanishtham).* Dies wiederum muss von spirituellen Autoritäten einer Vaishnava-Schülernachfolge und von den Schriften bestätigt sein.

In den Vaishnava-Schriften werden drei Arten von Gurus beschrieben: der *diksha-guru,* der *shiksha-guru* und der *chaitya-guru.* Die ersten beiden spenden spirituelles Licht von außen, während der dritte, der Herr im Herzen, den Pfad von inner her erleuchtet. Die Aufgabe des *diksha-guru* besteht darin, den Schüler in das transzendente Wissen einzuweihen. Der ernsthafte Schüler bekommt einen neuen Namen, der auf seine Aufnahme in einen *sampradaya* hinweist. Der Guru gibt seinem Schüler außerdem eine heilige Formel, ein Mantra, über das er meditieren soll. Der *shiksha-guru* erfüllt die Funktion eines Mentors, der die Lehren des *diksha-guru* darlegt. Es kann entweder einen oder mehrere *shiksha-gurus* geben, aber jeweils nur einen *diksha-guru.*

Der *chaitya-guru* – Gott selbst im Herzen – befähigt den ernsthaften Aspiranten, die esoterische Bedeutung der transzendentalen Themen zu verstehen und die Lehren des *diksha-guru* und der *shiksha-gurus* zu verstehen.

Der Guru gibt dem spirituellen Sucher eine neue Geburt. Dabei handelt es sich um eine spirituelle Geburt, bei der göttliches Wissen und transzendentale Erkenntnis *(divya-gyanam)* im Herzen entstehen. Indem man die Mantren anwendet, die man vom Guru erhalten hat, wird einem allmählich Wissen vom eigenen Selbst und von Gott zuteil sowie die Erkenntnis der eigenen Beziehung zu Ihm.

Die Schriften erklären, dass dem Guru die höchste Ehre gebührt, dass man ihn aber zurückweisen sollte, falls er die nach Aussage der Schriften erforderlichen Voraussetzungen für einen spirituellen Lehrer nicht erfüllt. Wenn der spirituelle Meister jedoch echt ist und die oben erwähnten Qualifikationen aufweist, ist er ein unerlässliches Bindeglied zwischen dem Devotee und dem Herrn.

Shrila Prabhupada

Ein Meister unserer Tage

His Divine Grace A. C. Bhaktivedanta Swami Prabhupada gründete die Internationale Gesellschaft für Krishna-Bewusstsein (ISKCON) im Jahre 1966 in New York City. Er war in den Westen gekommen als ein Repräsentant des Brahma-Madhva-Gaudiya-sampradaya, einer Schülernachfolge, die bis in die Antike zurückgeht.

Prabhupada wurde im Jahre 1896 in Kalkutta geboren. Sein Vater hieß Gour Mohan De und seine Mutter Rajani. Sie waren gottergebene Gaudiya-Vaishnavas und gaben ihm den Namen Abhay Charan, aber manchmal wurde er auch Nandu genannt, da sein Geburtstag Nandotsav war, der Tag nach Krishnas Geburtsfeier.

Prabhupadas frühe Kindheit war stark von der Krishna-Kultur geprägt. Bereits als kleiner Knabe hatte er eine Vorliebe für Shri Krishna und das Ratha-yatra, und so veranstaltete er regelmäßig sein eigenes Ratha-yatra-Fest im Miniaturstil. Er zog das Spielen auf seiner kleinen *mridanga* (Tontrommel) dem Schulbesuch vor, doch auf Drängen seiner Mutter wurde Abhay ein glänzender Schüler mit einem besonderen Interesse für Redekunst und Diskussionen. Am Scottish Churches' College in Kalkutta erhielt er eine akademische Ausbildung mit erfolgreichem Abschluss in den Fächern Philosophie, Volkswirtschaft und Englisch. Kurz darauf schloss er sich der Bewegung Mahatma Gandhis an. Als junger Nationalist gründete er eine Familie und baute eine eigene Arzneimittelfirma auf.

Sein Leben nahm jedoch eine Wende, als er im Jahre 1922 seinem künftigen Guru begegnete, Shrila Bhaktisiddhanta Sarasvati Thakur. Bhaktisiddhanta Sarasvati war einer der großen Vaishnava-Heiligen des modernen Indien, ein einzigartiger Gelehrter, der hochphilosophische Schriften übersetzte und überall im Subkontinent Gaudiya-Vaishnava-Klöster gründete. Er sollte bald Prabhupadas Verbindung zum Brahma-Madhva-Gaudiya-sampradaya werden. Vor allem seine Reinheit und Gelehrtheit beeindruckten Prabhupada. Nicht einmal zehn Jahre später hatte Shrila Bhakti-

siddhanta ihn nicht nur zum Schüler geweiht, sondern ihm auch seine Lebensmission gegeben: die universale Botschaft Shri Chaitanya Mahaprabhus in englischer Sprache zu verbreiten und der Welt mit diesem Wissen zu helfen.

Shrila Prabhupada begann Artikel zu schreiben und gründete 1944 ein Magazin, genannt *Back to Godhead.* Im Jahre 1959 trat er in in den Stand des *sannyas* (Entsagung). Von da an widmete sich Prabhupada völlig der Erfüllung des Auftrags, den ihm sein spiritueller Meister gegeben hatte.

Im Jahre 1965 unternahm Shrila Prabhupada im Alter von 69 Jahren allein und mit nur 40 Rupien in der Tasche eine Seereise. Sein Ziel: Amerika. In sich trug er den starken Wunsch, den Balsam des Gottesbewusstseins einer materialistischen Welt zu überbringen. Mit dieser Hoffnung und Absicht gründete er ISKCON, die Internationale Gesellschaft für Krishna-Bewusstsein. Im folgenden Jahrzehnt eröffnete Prabhupada 108 Tempel in Großstädten aller Welt und gab Tausenden von Suchern jeder Rasse und jeden Alters die spirituelle Einweihung. Darüber hinaus eröffnete er vegetarische Restaurants, gründete Farmgemeinschaften und etablierte religiöse Schulen nach vedischem Vorbild.

Viele ehren Prabhupada als Indiens größten Gelehrten, Philosophen, Propheten und kulturellen Botschafter. Das *Britannica Book of the Year* von 1976 schreibt, dass er „die akademische und literarische Welt verblüffte, indem er 52 Bücher über die alte vedische Kultur verfasste … im Zeitraum vom Oktober 1966 bis November 1975."

Prabhupadas Bücher, die bisher in über achtzig Sprachen übersetzt wurden, werden in vielen nordamerikanischen Universitäten und in Tausenden von Bibliotheken weltweit benutzt. Sein *Back to Godhead* erscheint nach fast sechzig Jahren weiterhin als zweimonatliches Magazin.

Was Prabhupada in zwölf Jahren leistete, ist sagenhaft. Auf seinen Weltreisen umrundete er die Erde vierzehn Mal und schrieb währenddessen Bücher, übersetzte Sanskritschriften, hielt Vorträge und gab seinen Schülern persönliche Führung. Im November 1977 verließ Prabhupada diese Welt in Vrindavan, dem heiligen Land Shri Krishnas.

Sadhus

Ein fester Bestandteil der indischen Kulturlandschaft sind die zahlreichen vishnuitischen und shivaitischen Mönche, die entweder im Dschungel meditieren oder ihr Wissen den Menschen in den Städten mitteilen. Ihre Kleidung und ihr religiöses Auftreten kennzeichnet sie als ernsthafte Befolger eines enthaltsamen Lebenspfades. Shaktas, Buddhisten und Jainas sieht man oft als Bettelmönche von Tür zu Tür ziehen. Yogis kann man im Schatten von Bäumen oder an heiligen Flüssen finden, vertieft in Meditation über Gottheiten und heilige Mantren. All diese tiefreligiösen Menschen sind *sadhus*.

Ein *sadhu* ist ein Mensch, der von weltlichem Streben abgelassen hat und stattdessen spirituelle Ziele verfolgt. Er übt Verzicht und entsagt den Freuden dieser Welt, um sich auf das kommende Leben vorzubereiten. Viele *sadhus* sind *sannyasis* (Angehörige des Lebensstandes der Entsagung), wenngleich die Definition des Begriffs *sadhu* weiter gefasst ist. Auch Verheiratete können nämlich *sadhus* sein, vorausgesetzt, ihr Hauptanliegen im Leben ist das religiöse Bestreben. Etymologisch gesehen ist ein *sadhu* ein fortgeschrittener Adept spiritueller Übungen (*sadhana*).

Der Vollständigkeit halber sollten auch noch die so genannten *sahajiyas* erwähnt werden. Ursprünglich waren mit diesem Begriff bestimmte (heterodoxe) buddhistische oder vishnuitische Sekten gemeint, aber Vaishnavas bezeichnen damit heute Simulanten, die um des Ansehens willen oder aufgrund mangelnden Wissens spirituellen Fortschritt vortäuschen oder spirituelle Übungen erdenken, die nicht auf den offenbarten Schriften beruhen.

Es gibt eine bunte Vielfalt von sadhus, *und nur mit dem Wissen der Schriften kann man Heilige von Scharlatanen unterscheiden*

Frauen

In religiösen, ökonomischen und sozialen Belangen gilt die indische Mentalität im Allgemeinen als patriarchalisch. Die ältesten vedischen Texte jedoch betonen, dass den Frauen hoher Respekt gebührt. Aus den Veden erfahren wir sogar: „Wo Frauen geehrt werden, dort frohlocken die Halbgötter." Die Frauen sollten geachtet werden für ihren Beitrag zu Familie und Gesellschaft, und sie galten als Göttinnen des Haushalts. In bestimmter Hinsicht vertraten die alten Schriften jedoch konservative Ansichten. So erklärten sie zum Beispiel, dass Frauen immer von Männern abhängig sein (und von ihnen beschützt werden) sollten, entweder vom Vater, dem Gatten oder dem ältesten Sohn. Einerseits werden Frauen in der indischen Tradition respektvoll als „Mutter" angesehen, andererseits aber gelten sie auch als Verführerinnen, die imstande sind, die Männer von der Verfolgung ihrer spirituellen Ziele abzubringen.

In erster Linie jedoch ist die Stellung der Frau in der vedischen Tradition dadurch geprägt, dass ihr tiefer Respekt entgegengebracht wird. In der *Bhagavad-gita* werden erhabene Eigenschaften wie Weisheit dem Weiblichen zugeordnet,[1] denn Krishna sagt dort: „Unter den Frauen

bin Ich Ruhm, Glück, Redegewandtheit, Erinnerung, Intelligenz, Standhaftigkeit und Geduld."

Als im 16. Jahrhundert die *bhakti*-Bewegung, in der Erlösung für alle im Vordergrund stand, den indischen Subkontinent erfasste, wurde es noch klarer, wie Frauen an diesen erhabenen Eigenschaf-

ten Anteil haben können. Mehrere bedeutende Persönlichkeiten der *bhakti*-Bewegung waren Frauen; damit entstanden neue Rollenmodelle für die indischen Frauen. Bahinabai, eine spirituell fortgeschrittene Vaishnavi aus Mararashtra, erduldete die Drangsale ihrer Ehe, doch schließlich gelang es ihr, ihren Mann zu einem religiösen Lebensstil zu bekehren. Mirabhais Auffassung von *stridharma*, „weiblicher Hingabe", unterschied sich völlig von der Bahinabais. Sie sah einzig und allein Krishna als ihren Ehemann, und in ihrer Dichtung spiegelt sich ihre aufrichtige Hingabe wider. Antal Alvar, eine der bedeutendsten heiligen Persönlichkeiten Südindiens, war ein weiblicher *bhakta*, und ihre ekstatischen Gedichte werden noch heute von den Shrivaishnavas verehrt und rezitiert.

Diese und viele andere Frauen dienten als einflussreiche religiöse Rollenmodelle, die die indischen Frauen immer wieder anspornten, ihre feineren Eigenschaften im Dienste Gottes zu entwickeln. Sie werden für ihre Tugenden in der gesamten Vaishnava-Welt geschätzt.

Das wohl bedeutendste Beispiel einer Frau, die sich im *vaishnava-dharma* hervortat, ist Jahnava Devi. Sie war ein vorbildlicher weiblicher Devotee und wurde unter den Vaishnavas des späten 16. Jahrhunderts eine der führenden Persönlichkeiten. Sie wurde so sehr geachtet, dass sogar große Devotees wie Narottam Das Thakur und Shrinivas Acharya sich vor ihr verbeugten, ihr Dienste erwiesen und ihr in demütiger Haltung Fragen stellten. Sie wurde – und wird noch heute – von allen Gaudiya-Vaishnavas in höchstem Maße geachtet.

Anmerkungen

1. Bhagavad-gita *10.34*.

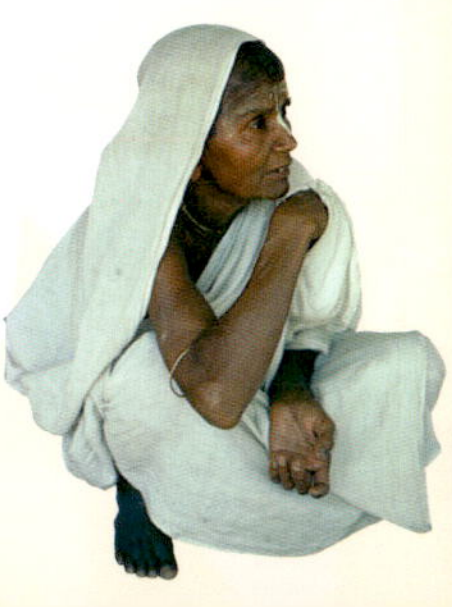

Jesus in Indien?

Der Nachdruck, den Jesus in seinem Predigen auf Liebe legte, und seine Gleichgültigkeit gegenüber der sozialen Rangordnung rücken seine Lehre in die Nähe der *bhakti*-Bewegungen Indiens. In der Tat weist die inhaltliche und weltanschauliche Ausprägung seiner Botschaft eine solche Ähnlichkeit mit Vaishnava-*bhakti* auf, dass viele zu dem Schluss gekommen sind, zwischen Jesus und Indien habe eine direkte Beziehung bestanden.

Alte Pali-Texte berichten von einem Heiligen namens Issa. Sie beschreiben unverkennbar Jesus und erwähnen auch seinen Aufenthalt im Lande des Ganges. Europäische und russische Asienreisende vergangener Jahrhunderte haben ähnliche Belege für Jesu Wanderung nach Indien zu Tage gefördert. Schriftsteller solch unterschiedlicher Ausprägung wie Reverend C. R. Potter und Edgar Cayce, die beide aus christlicher Perspektive schreiben, sowie Andreas Faber-Kaiser, der aus moslemischer Sicht schreibt, bestätigen, dass Jesus in den fehlenden achtzehn Jahren seines Lebens und/oder nach seiner Kreuzigung in Indien war. (Die Bibel berichtet vom Zeitraum von Jesu Geburt bis zu seinem dreizehnten Lebensjahr sowie von den letzten drei Jahren seines Lebens. Über die dazwischen liegenden achtzehn Jahre fehlen jegliche Angaben.) Bis heute kann allerdings niemand mit Sicherheit sagen, ob die Geschichten über den Aufenthalt Jesu in Indien wahr sind.

Während westliche Theologen hinsichtlich des Besuchs Jesu im Orient geteilter Meinung sind, prophezeit die Vaishnava-Schrift *Bhavishya Purana* die Reise Jesu nach Indien: Ein wandernder Asket wird von einem angesehenen Maharaja namens Shalevahin darum gebeten, sich

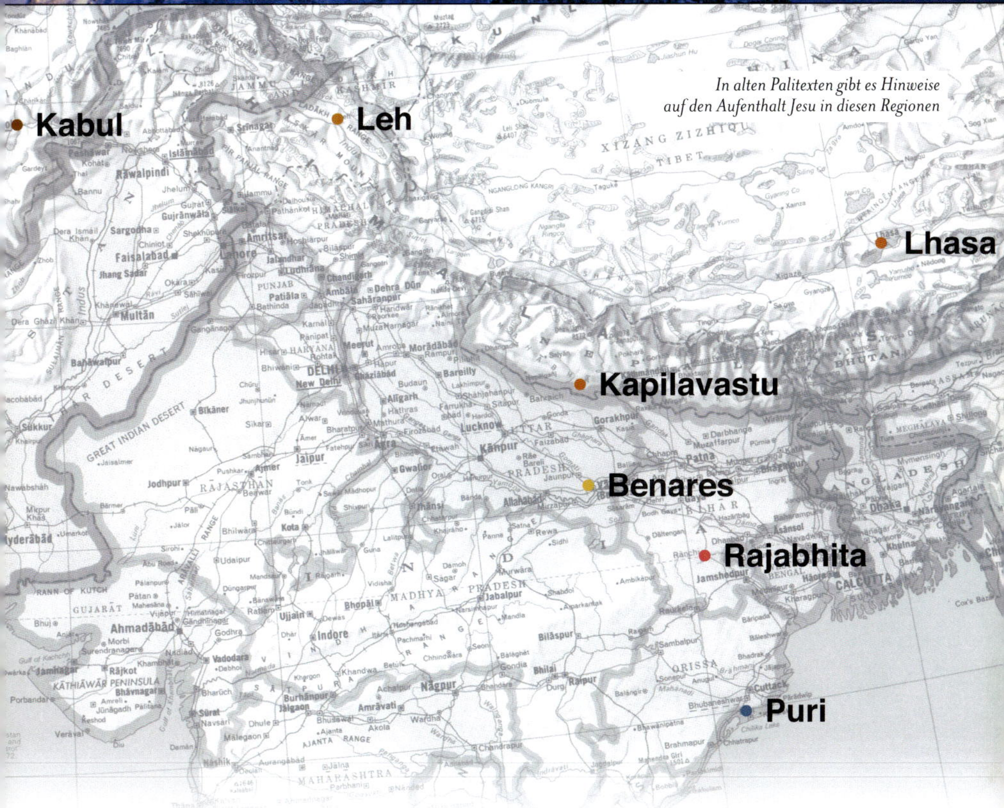

In alten Palitexten gibt es Hinweise auf den Aufenthalt Jesu in diesen Regionen

vorzustellen. Der Asket antwortet, sein Name sei Issa (die indische Form von Jesus); er sei der Sohn Gottes, der erwartete Messias seines Volkes, und seine Mutter sei eine Jungfrau. Er erwähnt auch die Amalekiten, ein antikes Volk, das mit der biblischen Tradition direkt verbunden ist. Das *Bhavishya Purana* sagt also das Erscheinen Jesu voraus, und folglich anerkennen Vaishnavas Jesus als den Sohn Gottes, denn so stellt er sich selbst sowohl in der Bibel als auch in den Puranas dar. Krishna wird als Gott betrachtet, der Vater Jesu. Krishna erklärt über sich selbst: „Ich bin der Vater des Kosmos, die Mutter, der Erhalter und der Großvater. Ich bin das Erkennbare, der Läuterer und die Silbe Om. Auch bin Ich die Verkörperung der Veden." (Bg. 9.17) Jesus betet: „Vater unser, der Du bist im Himmel …" Könnte es folglich nicht Krishna sein, an den er sein Gebet richtet?

„Die höchste Hingabe erreicht man Schritt für Schritt durch die Methode unablässiger Bemühung um Selbsterkenntnis. Hilfreich auf diesem Pfade sind die offenbarten Schriften, ein gottergebener Lebenswandel und Beharrlichkeit in der Übung."

— *Brahma-samhita* 5.59

Lehren & Gebräuche

10

Varnashrama

Das vedische Gesellschaftssystem

Bei der Integrierung des Individuums in die vedische Gesellschaftsordnung wird sein psychophysisches Wesen in Betracht gezogen. Dieses System, genannt Varnashrama Dharma, ist leider immer wieder mit dem Kastensystem verwechselt worden.

Im Kastensystem werden die Menschen nach ihrer Abstammung eingestuft: Wird man beispielsweise in einer Familie von *brahmanas* (Priester oder Intellektuelle) geboren, so gilt man automatisch als *brahmana*, selbst wenn man keine entsprechenden Qualifikationen aufweist. Dieser Umstand hat zu vielen Unruhen und Kämpfen im modernen Indien geführt. Im Varnashrama-System hingegen sind „Eigenschaft und Handlungsweise" wichtigere Kriterien als die Abstammung. Entscheidend für die Zugehörigkeit des Individuums zu einer bestimmten sozialen Klasse sind also seine Qualifikationen, nicht einfach die Kaste seines Vaters.

Dieses System wird in der *Bhagavad-gita* (4.13) skizziert, und es heißt dort, dass es die Basis einer funktionierenden Gesellschaft ist. Das Varnashrama System besteht aus vier grundlegenden *varnas* oder Berufsständen: 1. *brahmanas* (Intellektuelle und Priester), 2. *kshatriyas* (Regierungsbeamte und Militär), 3. *vaishyas* (Bauern und Händler) und 4. *shudras* (Arbeiter). Es gibt auch Mischungen dieser Kategorien, doch die Neigung zu einem bestimmten dieser vier Berufsstände wird in jedem Individuum vorherrschen.

Entsprechend gibt es im Varnashrama-System auch vier spirituelle Lebensstufen *(ashramas)*: 1. *brahmacharya* (Schulzeit im Zölibat), 2. *grihastha* (Familienleben), 3. *vanaprastha* (Leben in Zurückgezogenheit) und 4. *sannyas* (Entsagung und völlige Ausrichtung auf Gott). Für jeden *varna* und *ashram* gibt es bestimmte Regeln und Vorschriften. Ein Verständnis des ursprünglichen Varnashrama-Systems (und nicht des späteren Kastensystems) ist Voraussetzung zum Verständnis des Vishnuismus. Vaishnavas befolgen Daivi („göttliches") Varnashrama, d.h. das reguläre Varnashrama-System mit besonderer Ausrichtung auf den Höchsten.

Die Ausbildung des brahmachari *geht bis zum 25. Lebensjahr, woraufhin er eine Familie gründen und als* grihastha *leben kann. Für das Alter sind ein Leben in Zurückgezogenheit* (vanaprastha) *und das Aufgeben weltlicher Bindungen* (sannyas) *vorgesehen.*

Schematische Darstellung des gesellschaftlichen Körpers: Die brahmanas *bilden den Kopf der Gesellschaft, die* kshatriyas *den Oberkörper, die* vaishyas *den Unterleib und die* shudras *die Beine. (Diese Analogie geht auf den* Rig Veda *zurück.) In Platons Werk* Der Staat *kommt die gleiche Idee zum Ausdruck. Platon erklärt dort, dass die Gesellschaftsklassen einer Rangordnung von Persönlichkeitstypen entsprechen. Philosophischer Intellekt, schreibt er, sei das Kennzeichen der höchsten Klasse; darauf folgen Emotionen und schließlich sinnliche Begehren. Auf die ideale Gesellschaft übertragen, so Platon, stehe an der Spitze des Staates der Philosophenkönig, der die Herrschaft innehat; darunter die „Wächter" (Krieger) und zuunterst die Kaufleute und Arbeiter, die bei Platon in einer Klasse zusammengefasst sind.*

BRAHMANAS
(Priester, Lehrer, Ratgeber)

KSHATRIYAS
(Staatsmänner, Soldaten)

VAISHYAS
(Bauern, Kaufleute)

SHUDRAS
(Handwerker, Arbeiter)

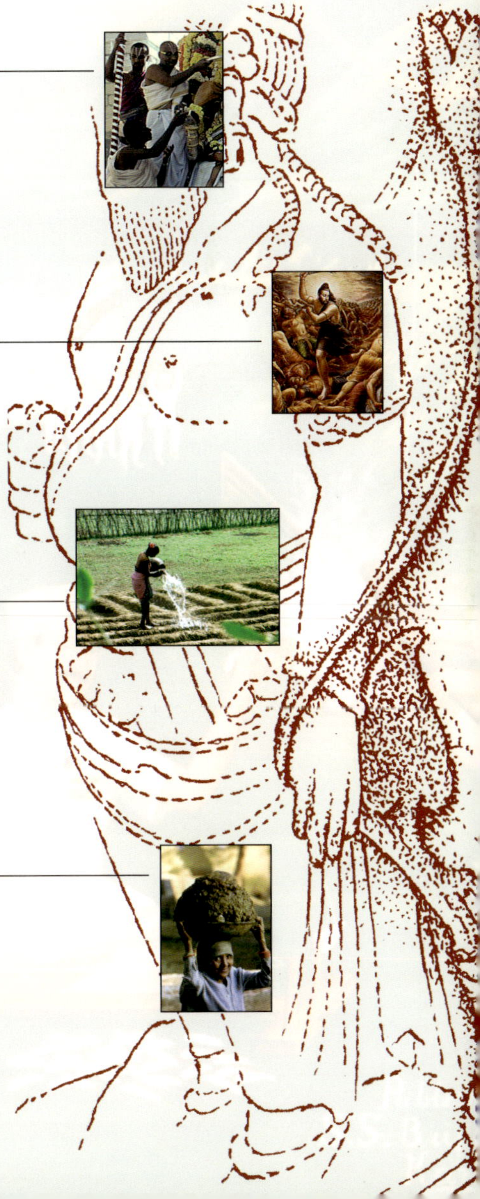

Yoga

Wenn ein Europäer an das traditionelle Indien denkt, fällt ihm meist sofort eine Form von Yoga oder Meditation ein. Weil das Yoga-System aus acht Stufen besteht (siehe die Übersicht auf der folgenden Doppelseite), wird es manchmal *ashtanga-yoga* genannt, „der Pfad der acht Stufen", aber bekannter ist es unter der Bezeichnung *hatha-yoga*. Das Wort *yoga* kommt von der Sanskritwurzel *yuj*, „verbinden". Es ähnelt dem Wort lateinischen Wort *religio*, das sich auf das Verb *religare* („sich rückverbinden") zurückführen lässt. Religion und Yoga haben also ein und dasselbe Ziel: die Verbindung oder Vereinigung mit Gott.

Yoga wurde von Patanjali in seinen *Yoga-sutras* systematisiert, wo der Vorgang erklärt wird, Körper und Geist beherrschen zu lernen, um letztlich dieses sorgfältig abgestimmte Werkzeug in den Dienst des Herrn zu stellen.

Im Yoga wird der Körper als Tempel der Seele betrachtet. Durch Sitzstellungen *(asanas)* und Atemübungen *(pranayama)* erlangt der Yogi körperliche Gesundheit und mentales Wohlbefinden, wodurch der „Tempel" gestärkt wird. Im Westen ist der Aspekt der physischen Fitness zum Selbstzweck geworden. Im traditionellen Yoga-System war dies jedoch nur der erste Schritt auf dem Pfad der Gotteserkenntnis.

So wie die tiefe spirituelle Grundlage des Yoga im Westen im Allgemeinen übersehen wird, können auch indische Yogis vom Ziel des Pfads abgelenkt werden, nämlich dann, wenn sie ihr Augenmerk auf die Erlangung von *siddhis*, „mystischen Vollkommenheiten", richten. Diese *siddhis* werden im dritten Kapitel von Patanjalis *Yoga-sutras* beschrieben. Es gibt acht Arten der mystischen Vollkommenheit, darunter die Gabe, sich zu verkleinern *(anima-siddhi)*, die Fähigkeit, durch die Luft zu schweben oder auf dem Wasser zu laufen *(laghima-siddhi)*, und die Kraft, Gegenstände aus großer Entfernung herbeizuholen *(prapti-siddhi)*.

Alle *yoga-siddhis* sind letztlich mate-

rielle Fähigkeiten und sind auch auf dem Wege von Wissenschaft und Technik erhältlich. So kann man beispielsweise das Ergebnis von *laghima* auch mit Hilfe eines Flugzeuges oder Bootes erlangen. *Vashita-siddhi*, die Kraft, jemanden unter seine Kontrolle zu bringen, kann man auch mit den modernen Methoden der Hypnose erreichen.

Im Gegensatz zu den oben erwähnten yogischen Vollkommenheiten gibt es zum *bhakti-yoga*, dem Pfad zur Erkenntnis der Beziehung zwischen Mensch und Gott, kein materielles Gegenstück. Dies bestätigt die *Bhagavad-gita*, dessen sechstes Kapitel damit endet, dass Arjuna den konventionellen Pfad des meditativen Yoga ablehnt, da er zu schwierig sei. Krishna beruhigt Arjuna mit der Erklärung, Arjuna sei bereits der beste aller Yogis. Von allen Yogis, so sagt Krishna – *hatha-yogis, gyana-yogis, dhyana-yogis, karma-yogis und bhakti-yogis* –, sei der *bhakti-yogi* der beste. Krishna erklärt auch, was das Element ist, das *bhakti-yoga* von den anderen Pfaden unterscheidet: „Von allen Yogis ist derjenige der beste, der ständig an Mich denkt und über Mich in seinem Herzen meditiert."

Das Yoga-System

Die 8 Stufen des Ashtanga-Yoga

Indirekte Vorbereitung

1. *yama* (Befolgen von Regeln und Vorschriften)
- *ahimsa* (Gewaltlosigkeit)
- *satya* (Wahrhaftigkeit)
- *asteya* (Nicht-Stehlen)
- *brahmacharya* (Enthaltsamkeit)
- *apavigraha* (Mäßigung)

2. *niyama* (Streben nach Tugenden)
- *saucha* (Reinheit)
- *santosha* (Friedfertigkeit)
- *tapas* (Disziplin)
- *svadhyaya* (Studium, insbesondere von heiligen Schriften)
- *ishvara pranidhana* (Gottergebenheit)

3. *asana* (Sitzstellungen)
4. *pranayama* (Atemübungen)
5. *pratyahara* (Zurückziehen der Sinne)

Direkte Vorbereitung

6. *dharana* (Konzentration)
7. *dhyana* (Meditation)
8. *samadhi* (Trance)

Fortgeschrittene Praxis

Das Erlernen außergewöhnlicher Kräfte und die Praxis fortgeschrittener Formen der Meditation bis hin zu *kaivalya* (völlige Versenkung und Freiheit).

„... und wenn der Yogi mit ernsthaftem Bemühen nach weiterem Fortschritt strebt, wird er allmählich von aller Verunreinigung befreit und erreicht schließlich, nach vielen, vielen Geburten, das höchste Ziel."

–Shri Krishna
Bhagavad-gita 6.45

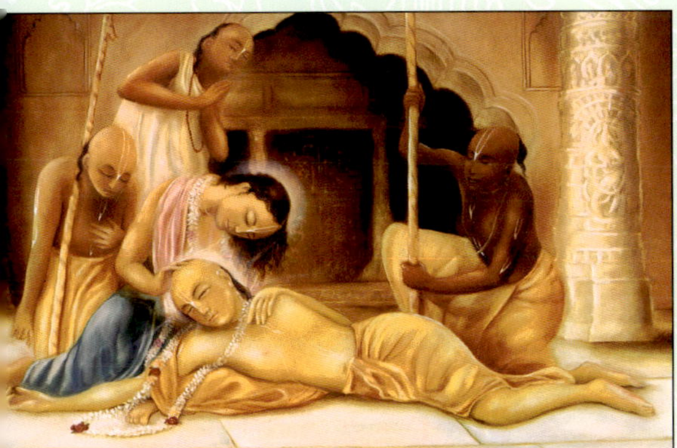

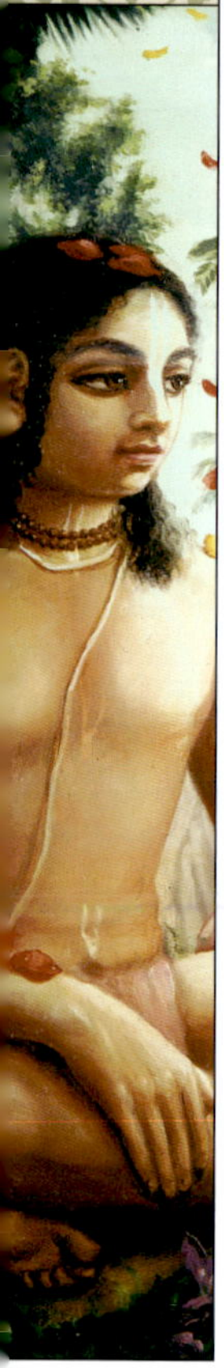

Meditation

Was im Zeitalter des Satya durch Meditation über Vishnu erreicht wurde, im Treta durch aufwändige Opferzeremonien und im Dvapara durch Bildgestaltenverehrung, ist im Kali-Zeitalter durch das Singen der Namen Krishnas erhältlich.

– *Shrimad Bhagavatam* 12.3.52

Meditation und Yoga gehen Hand in Hand. In den traditionellen Yoga-Systemen werden komplexe Meditationstechniken ebenso häufig angewandt wie Sitzstellungen, denn beide Methoden fördern die Gesundheit des Körpers und des Geistes. Um dem Geist einen Ruhepunkt zu verschaffen, konzentriert sich der Yogi auf Mantren, angefangen von Sanskritsilben bis hin zu Namen Gottes. In den Vaishnava-Schriften werden für die heutige Zeit insbesondere die Namen Gottes empfohlen. Für Vaishnavas sind vor allem die folgenden drei Meditationsarten von Bedeutung: *japa, kirtan* und *sankirtan.* Beim *japa* wiederholt der Devotee leise für sich die Namen Gottes, wofür er eine so genannte *japa-mala* (eine Art Rosenkranz) mit 108 Perlen benutzt. *Kirtan* hingegen ist eine „öffentliche Meditation", bei der der Name Gottes laut gesungen wird, oft in Begleitung von Musikinstrumenten und Tanz. Der *kirtan* einer größeren Gruppe von Devotees wird *sankirtan* genannt.

In der Meditationstechnik des *lila-smaranam* („Erinnerung an Spiele") wird das Bewusstsein auf die Namen *(nama),* die Form *(rupa),* die Eigenschaften *(guna)* und die Spiele *(lila)* Krishnas gerichtet. Solche Meditation über Krishna beginnt mit dem regelmäßigen Beten Seines heiligen Namens unter der Anleitung eines spirituellen Meisters. Dem Novizen fällt es im Allgemeinen nicht leicht, sich zu konzentrieren, doch selbst in dieser frühen Phase kann man sich an Krishna erinnern *(smaranam),* vorausgesetzt, man studiert die Schriften und bemüht sich aufrichtig. Mit dem inneren Wunsch steigt auch die Fähigkeit, sich zu konzentrieren *(dharana).* Größere Vertrautheit mit der *krishna-*

lila führt zur nächsten Stufe, auf der der Devotee lernt, auf direktere Weise zu meditieren *(dhyana)* und sich die Spiele des Herrn immer deutlicher zu vergegenwärtigen. Als Nächstes lernt er, ungestört zu meditieren *(dhruvanusmriti)* und den ganzen Tag über ohne größere Ablenkung seine Aufmerksamkeit auf das Objekt seiner Meditation zu richten. Auf der höchsten Stufe erreicht er völlige Versenkung *(samadhi)* und sieht die Gottheit von Angesicht zu Angesicht in einer höheren, transzendenten Realität *(kaivalya)*.

Der meditierende Yogi erhebt sein Bewusstsein durch die verschiedenen Chakren (Energiezentren) seines Körpers, angefangen vom **muladhara-chakra**, *dem Wurzel-Chakra. Von dort aus durchläuft die Lebensenergie nacheinander die Chakren der Elemente Erde, Wasser, Feuer, Luft, Klang, Licht und Geist (siehe Abbildung rechts). Wenn man den Lebensodem zum höchsten Chakra, dem Scheitel-Chakra, erhebt, erreicht man die Vollkommenheit. Der Devotee Vishnus jedoch öffnet die gleichen Chakren auf direktere Weise, was ihm eine schnelle Reise zu Gott ermöglicht.*

Mandalas & Yantren

Mandalas sind magisch-symbolische Diagramme. Wer über sie meditiert, dem erschließen sich esoterische Geheimnisse. Sie können aus Holz oder Bronze bestehen wie eine Skulptur oder auf Stoff oder Papier gemalt sein. Es gibt auch gestickte Mandalas und solche, die mit bunten Farben auf den Boden gezeichnet werden. *Mandala* ist das Sanskritwort für „Kreis", und meist sind es auch kreisförmige Gebilde, die den „sakralen Raum" oder einen „Mikrokosmos der Realität" darstellen. In der Mitte des Mandala befindet sich für gewöhnlich ein *bindu*, ein kleiner Punkt, der für das Zentrum des Universums steht. Das Ziel desjenigen, der über ein Mandala meditiert, ist es, zu jenem Zentrum zu reisen und dadurch Erleuchtung zu erlangen. Mandalas bestehen oft aus komplizierten Labyrinthen von Dreiecken und Quadraten, was die Reise zum Zentrum schwierig gestalten kann.

Der Psychologe C. G. Jung (1875–1961) schrieb ausführlich über Mandalas. Das Thema begann ihn zu interessieren, als eine Reihe seiner Patienten ohne ersichtlichen Grund lebhafte Träume von geometrischen Figuren hatten und als Folge davon dazu neigten, mandalaartige Gebilde zu zeichnen. Nach mehreren Indienreisen kam Jung zu dem Schluss, dass Mandalas im „kollektiven Unbewusstsein" der Menschheit existieren. Er betrachtete die alten vedischen Schriften, die erstmalig über diese Figuren berichten, als bedeutendes Studiengebiet, das weitergehende Forschung erforderte.

Mandalas werden typischerweise von Yogis und Apersonalisten benutzt. Wer in dieser Art der Meditation die Vollkommenheit erreicht, versucht, den Kosmos, auf den er seinen Geist richtet, zu verinnerlichen und mit ihm zu verschmelzen. Es gibt aber auch Vaishnava-Mandalas, und zwar handelt es sich dabei um Figuren und Formen, die Krishna und den inneren Kreis Seiner Geweihten repräsentieren. Das Ziel dieser Meditation besteht darin, in Krishnas *lila* in der spirituellen Welt einzugehen. So gibt es Darstellungen von Braj-mandala, dem heiligen Land Vrindavan, wo Krishna Seine unbegrenzten spirituellen Spiele voll-

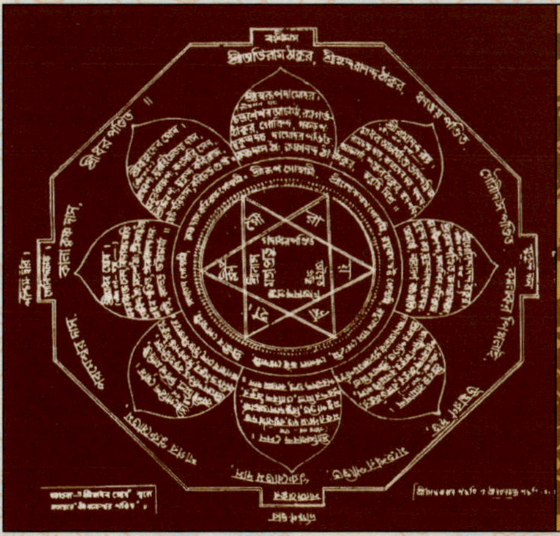

führt, oder von Rasa-mandala, der Stelle, wo Er Seinen Kreistanz mit den *gopis* abhält.

Wenn ein Mandala als optische Ausdrucksform eines Mantras betrachtet wird – ein sakraler Klang, den man sehen kann –, wird es Yantra genannt. Yantren werden im Allgemeinen im Tantrismus verwandt, dem Pfad der Verehrung der Muttergöttin. Die Diagramme bestehen aus äußerst komplexen geometrischen Mustern einander überschneidender Dreiecke, Quadrate und Kreise. Einsilbige Mantren werden auf verschiedene Teile des Yantras geschrieben und bilden zusammen die „Wortgestalt" der Göttin. Der *bindu* in der Mitte stellt das innere Wesen der Göttin dar. Es gibt Vaishnava-Yantren, bei denen man über Lakshmi, die Gemahlin Vishnus als die höchste Göttin des Universums, meditiert. Auch gibt es ein Yantra, in dessen lotosförmiger Mitte Radha-Krishna dargestellt sind; die *gopis*, Ihre vertrautesten Geweihten, umgeben sie auf dem innersten Ring aus Blütenblättern.

Die Yantra-Meditation soll dem Devotee helfen, die Gottheit in Beziehung zu sich selbst zu verstehen und sie als das Zentrum aller Dinge zu erkennen.

Das obere Mandala-Diagramm ist eine Darstellung Navadvips, des spirituellen Reiches Shri Chaitanyas.

Das Mandala zur Linken stellt Shri Rama dar.

Götzenkult und Gottesdienst – der Unterschied

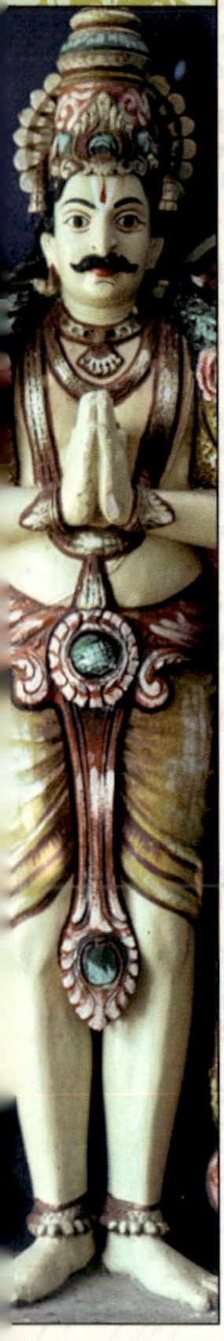

Wie in den meisten religiösen Traditionen kennt man auch im Vishnuismus sowohl transzendente als auch immanente Aspekte Gottes. Der Herr wohnt in Seinem spirituellen Reich (Transzendenz) und ist gleichzeitig in den Herzen aller Lebewesen anwesend (Immanenz). Ein anderer Aspekt der Immanenz Gottes, den man nur im Vishnuismus findet, ist der der sakralen Bildgestalt *(murti)*. Gott offenbart sich nicht nur in Seinen Inkarnationen, sondern auch in Bildnissen. Die *murti* gilt im Vishnuismus also als „ikonische Inkarnation" des Herrn.

Während der Kolonialisierung Indiens erschien den Briten, die stark unter dem Einfluss der jüdisch-christlichen Traditionen standen, die Bildgestaltenverehrung seltsam oder gar abstoßend. Dies ging so weit, dass sie Jagannath „den indischen Moloch" nannten und Ihn als „geschnitzten Götzen" betrachteten, womit sie Ihn aus biblischer Sicht eindeutig in das Reich der Tabus verbannten.

Die vedische Literatur selbst unterscheidet deutlich zwischen einem Götzen und einer *murti*. Dazu schreibt Harvard-Professorin Diana Eck in ihrem Buch *Darshan: Seeing the Divine Image in India:*

„So wie der Begriff Ikone die Bedeutung ‚Ähnlichkeit' in sich trägt, deuten auch die Sanskritwörter pratikriti *und* pratima *auf eine ‚Ähnlichkeit' des Bildnisses mit der Gottheit, die sie darstellen, hin. Das gebräuchliche Sanskritwort für diese Bildnisse jedoch ist* murti, *was bedeutet ‚etwas, was eine bestimmte Form und Begrenzung hat', ‚Gestalt, Figur', ‚Verkörperung, Inkarnation'. Die* murti *ist also mehr als ein ähnliches Abbild; sie ist die Gottheit selbst, die ‚Gestalt' angenommen hat. ... Der Gebrauch des Wortes* murti *in den Upanishaden und der* Bhagavad-gita *zeigt, dass das Wort ‚Form' die Bedeutung von* murti *am besten trifft. So ist etwa die Flamme die* murti *des Feuers, [usw.] ..."*

In den *Shilpa-shastras* findet man genaue Anweisungen für die Modellierung von *murtis*. Es gibt Angaben für die richtige Körperhaltung der *murtis*, für ihre

Handstellungen, ihre körperlichen Proportionen usw., denn das Aussehen der Bildgestalt soll nicht einfach der Vorstellung des Künstlers entsprechen. Die *shilpins* (die Künstler, die die *murtis* herstellen) müssen die oben genannten Anweisungen der Schriften genau kennen. Bevor sie sich ans Werk machen, versenken sie sich in tiefe Meditation und sind darauf in der Lage, die Bildgestalten mit göttlicher Inspiration zu modellieren – aber nicht nach ihrer Phantasie, sondern nach den Vorschriften der *shastras*. Danach findet eine umfangreiche Weihezeremonie statt, in der der Herr gebeten wird, die Bildgestalt mit Seiner göttlichen Gegenwart zu durchdringen. Nun wird die *murti* in den Tempel gebracht und kann auf dem Altar verehrt werden. Die Gläubigen können nun vor die Gottheit treten und ihren *darshan* („Anblick") bekommen – sie sehen die Gottheit, und die Gottheit sieht sie.

Der Kuh wird in Indien hohe Achtung gezollt (siehe unten), aber sie wird weder angebetet noch als Gottheit verehrt. Die biblische Tradition sieht das „goldene Kalb" als das Sinnbild für Götzendienst schlechthin und lehnt solche Verehrung rundweg ab. Auch die Vaishnava-Tradition missbilligt Götzenverehrung, aber die Verehrung der Bildgestalten Krishnas und Seiner direkten Inkarnationen ist ein fester Bestandteil des Vishnuismus.

Murtis *von Krishna und Seiner direkten Erweiterung, Balaram*

Shilpins *schnitzen und bemalen Bildgestalten Jagannaths, der* murti *Krishnas, wie man sie im Tempel in Puri sieht*

Murti-Verehrung

Letztlich ist die Bildgestalt eine göttliche Inkarnation, mit der sich der Herr menschlicher Obhut anvertraut. Die *murti* ist ein göttlicher Gast und muss auch als solcher behandelt werden. Deshalb werden ihr Räucherwerk, Blumen, Lichter, Lobeslieder, Nahrung usw. dargebracht – alles Dinge, die nicht nur die Sinne des Devotees, sondern auch die des Herrn erfreuen. Außerdem entwickelt sich durch diese Wechselbeziehung ein liebender Austausch zwischen Gott und Seinem Geweihten.

„[Vaishnava-]Verehrung", schreibt Eck, „ist ganz sicher keine Gelegenheit zur yogischen Zurückziehung der Sinne, ... sondern vielmehr eine Gelegenheit, die Sinne zu erwecken und sie auf das Heilige zu richten. Beim Betreten des Tempels läutet der Devotee eine große Glocke. Die Energie der Sinne wird auf die Schau Gottes fokussiert. Durch den *darshan* wird also nicht nur der Sehsinn geläutert, sondern auch die anderen Sinne werden immer mehr auf Gott ausgerichtet."

Eck schreibt weiter: „Die Bildgestalt, die betrachtet, gebadet, geschmückt, berührt und verehrt wird, ist nicht etwa nur ein Bindeglied, das zwischen dem Geweihten und dem Herrn steht. Nein, weil die Bildgestalt eine direkte Form des Höchsten Herrn ist, ist es die Bildgestalt selbst, die die enge Beziehung zwischen dem Devotee und Gott fördert und bereichert und die tiefsten emotionellen Ergüsse in der Verehrung ermöglicht."

Man könnte sagen, dass Gottes Bereitschaft, sich in Form der Bildgestalt zu inkarnieren, den höchsten Ausdruck Seiner Liebe zur Menschheit darstellt. Dieser Gedanke wurde von Pillai Lokacharya, einem großen Lehrer der Ramanuja-Tradition, wie folgt formuliert:

„Die größte Gnade des Herrn besteht darin, dass Er frei ist und sich doch binden lässt, dass Er völlig unabhängig ist und sich doch vom Dienst Seines Geweihten abhängig macht. … In anderen Formen der Verehrung gehört der Mensch Gott. Doch sieh nur jene Aufopferung des Ishvara [Krishna] in der Gestalt Seiner murti, *denn hier wird der Allmächtige zum Eigentum Seines Geweihten … Der Devotee trägt den Herrn umher, fächelt Ihm Luft zu, spielt mit Ihm – ja der Unbegrenzte ist begrenzt geworden, auf dass die kindliche Seele Ihn anfassen, begreifen und lieben kann.“*

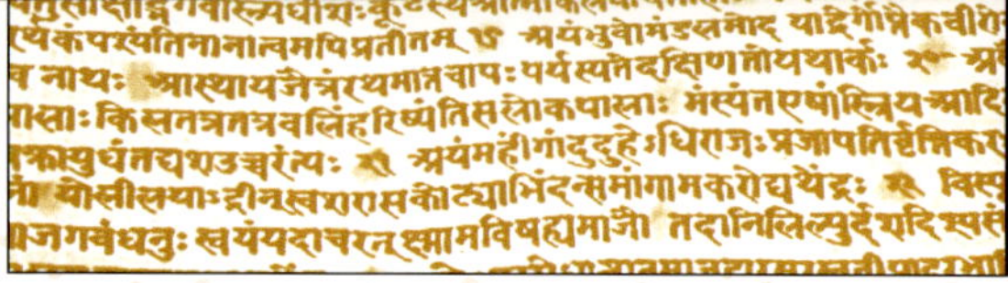

Sprache

Wegen der kulturellen Vielfalt Indiens findet man auf dem Subkontinent zahlreiche Sprachen und Dialekte vor. Die moderne indische Verfassung erkennt achtzehn Hauptsprachen an. Nach einer unlängst erhobenen Volkszählung gibt es 1600 kleinere Sprachen und Mundarten. Für Vaishnavas sind die bedeutendsten indischen Sprachen Hindi, Bengali, Tamil, Oriya, Kannada und Sanskrit.

Die Sprachen Indiens sind in zwei Hauptgruppen gegliedert: die indoarischen Sprachen (z. B. Hindi) im Norden und die dravidischen Sprachen (z. B. Tamil, Telugu und Kannada), die im Süden beheimatet sind. Sanskrit, die älteste der indoarischen Sprachen, ist die Grundlage vieler indoeuropäischer Sprachen; dazu gehören Griechisch und Latein sowie die romanischen, germanischen und baltoslawischen Sprachen; außerdem zahlreiche Sprachen des Iran und des Mittleren Ostens.

Sanskrit gilt als die alte Sprache der Seher und Weisen. Thomas Hopkins, Professor für Religionswissenschaft am Franklin and Marshall College in Lancaster, Pennsylvania, schreibt: „Sanskritwörter sind nicht beliebige Bezeichnungen; sie sind die Klangformen von Objekten, Handlungen und Eigenschaften, die im gleichen Verhältnis zur entsprechenden Realität stehen wie visuelle Formen und sich von ihnen nur dadurch unterscheiden, dass sie mit dem Ohr wahrgenommen werden und nicht mit dem Auge." Folglich wird Sanskrit auch Devanagari (*deva* – „Gott", *nagari* – „Stadt") genannt, die Sprache der höherdimensionalen Welt.

Sanskrit (wörtlich „ausgefeilt", „veredelt", „vollendet") gilt in weiten Kreisen als eine der ältesten Sprachen der Welt. Man weiß, dass es mehrere Entwicklungsstufen durchlaufen hat. Die älteste Form des Sanskrits ist die Sprache der vedischen Hymnen, insbesondere des *Rig Veda.* Das darauf folgende klassische Sanskrit wurde von dem Grammatiker Panini um 500 v. Chr. genormt. Die meisten Puranas und Epen folgen

	DEVANAGARI	BENGALI	ORIYA		DEVANAGARI	BENGALI	ORIYA
a	अ	অ	ଅ	ja	ज	জ	ଜ
ā	आ	আ	ଆ	jha	झ	ঝ	ଝ
kā	का	কা	କା	ña	ञ	ঞ	ଞ
i	इ	ই	ଇ	ṭa	ट	ট	ଟ
ki	कि	কি	କି	ṭha	ठ	ঠ	ଠ
ī	ई	ঈ	ଈ	ḍa	ड	ড	ଡ
kī	की	কী	କୀ	ḍha	ढ	ঢ	ଢ
u	उ	উ	ଉ	ṇa	ण	ণ	ଣ
ku	कु	কু	କୁ	ta	त	ত	ତ
ū	ऊ	ঊ	ଊ	tha	थ	থ	ଥ
kū	कू	কূ	କୂ	da	द	দ	ଦ
ṛ	ऋ	ঋ	ଋ	dha	ध	ধ	ଧ
kṛ	कृ	কৃ	କୃ	na	न	ন	ନ
ē	ए	এ	ଏ	pa	प	প	ପ
kē	के	কে	କେ	pha	फ	ফ	ଫ
ai	ऐ	ঐ	ଐ	ba	ब	ব	ବ
kai	कै	কৈ	କୈ	bha	भ	ভ	ଭ
ō	ओ	ও	ଓ	ma	म	ম	ମ
kō	को	কো	କୋ	ya	य	য়	ଯ
au	औ	ঔ	ଔ	ra	र	র	ର
kau	कौ	কৌ	କୌ	la	ल	ল	ଲ
ka	क	ক	କ	va	व	ব	ବ
kha	ख	খ	ଖ	ça	श	শ	ଶ
ga	ग	গ	ଗ	ṣa	ष	ষ	ଷ
gha	घ	ঘ	ଘ	sa	स	স	ସ
ṅa	ङ	ঙ	ଙ	ha	ह	হ	ହ
ca	च	চ	ଚ	ṛa	ड़	ড়	ଡ଼
cha	छ	ছ	ଛ				

Die drei südasiatischen Schriften Devanagari, Bengali und Oriya sind in der Gaudiya-Vaishnava-Literatur am gebräuchlichsten. Die Devanagari-Schrift wird auch in Hindi benutzt.

Paninis Regeln. Selbst als sich die Sprache zu regionalen Mundarten entwickelte, blieben ältere Formen des Sanskrits die Sprache der Priester und Gelehrten. Die meisten der heiligen Texte Indiens jedoch wurden im Laufe der Zeit in die Regionalsprachen übersetzt. Dadurch wurden sie einer wesentlich breiteren Leserschaft zugänglich. So ist beispielsweise die Hindi-Fassung des Sanskritepos *Ramayana* (genannt *Ramcharitmanas*) in großen Teilen Indiens sehr beliebt. Das Gleiche gilt für Übersetzungen etlicher Puranas in Gujarati, Bengali, Hindi usw.

Trachten

Wie überall auf der Welt, ist auch in Indien die Kleidung ein wichtiges Kennzeichen der gesellschaftlichen Zugehörigkeit. Die Menschen geben ihren sozialen Stand und ihren Glauben durch das Tragen bestimmter Kleidung zu erkennen, wobei man zwischen regionalen Stilen zu unterscheiden hat. Der traditionelle Stil besteht für Männer wie Frauen im Allgemeinen darin, dass verschiedenartige Tücher auf elegante Weise um den Körper geschlungen und dabei durch Umschlagen und Falten zusammengehalten werden. Anstelle von Hosen (die heutzutage üblicher werden) tragen die Männer den traditionellen *dhoti* – ein leichtes, lockeres Hüfttuch. Die Art und Weise, wie der *dhoti* gefaltet ist, zeigt den Familienstand an: *sannyasi, grihastha* oder *brahmachari.* Das lange, weite Hemd der Männer wird *kurta* genannt.

Das gebräuchlichste Kleid der Frau ist der *sari*, ein langes, weites Tuch, das auch den Oberkörper bedeckt. Die Weise, wie der *sari* gefaltet und um den Körper geschlungen wird, lässt auf die Region schließen, aus der eine Frau kommt.

Auch an der Farbe der Kleidung erkennt man die soziale Stellung. *Sannyasis* tragen Safran (die Farbe des lebenslangen Zölibats), *grihasthas* (verheiratete Männer) Weiß. *Brahmacharis* (Unverheiratete) tragen traditionell einen einfachen weißen *dhoti* ohne Zierborte und kunstvolle Falten. Auch verwitwete Frauen sind in Weiß gekleidet, im Gegensatz zu verheirateten Frauen mit ihren leuchtend-bunten *saris.*

Vaishnavas tragen außerdem Halsketten aus Holzperlen, nicht zur bloßen Zierde, sondern als Zeichen ihrer religiösen Hingabe. Eine dreireihige Halskette aus *tulasi*-Perlen bedeutet zum Beispiel, dass man von einem spirituellen Lehrer (Guru) die Einweihung empfangen hat.

Neben der Kleidung dienen auch die Haartracht und symbolische Male am Körper zur Kennzeichnung der religiösen Zugehörigkeit. Vaishnava-Mönche und viele andere *brahmanas* scheren sich im Allgemeinen das Haupthaar, wobei nur ein Haarbüschel am Hinterkopf (*shikha*) übrig bleibt. Dadurch unterscheiden sie sich von den Buddhisten und den Anhängern Shankaras, die völlig kahl geschoren sind.

Die Art des Scheitels einer Frau kennzeichnet sie entweder als

Verschiedene Arten von tilak *(links) und die traditionelle Kleidung (rechts)*

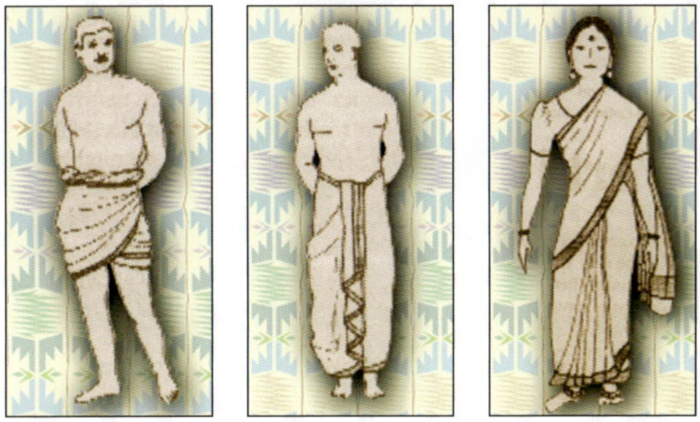

Prostituierte oder als achtbare Person. Stirnmale sind ein weiteres wichtiges Zeichen in der Vaishnava-Kultur. Verheiratete Frauen tragen einen *bindi*, einen roten Punkt auf der Mitte der Stirn. Mädchen und unverheiratete Frauen tragen heutzutage oft ähnliche, verschiedenfarbige *bindis*, die aber keine religiöse oder soziale Bedeutung tragen.

Die *tilak*-Zeichen (auch *tika*-Zeichen genannt) werden in Form von heiliger Tonerde oder *chandan* (Sandelholzpaste) in verschiedenen Stilarten aufgetragen, an denen man die Anhänger der verschiedenen *sampradayas* (spirituelle Traditionen) unterscheiden kann. Shiva-Verehrer tragen auf der Stirn drei horizontale Streifen *(tripundra)*, während Vaishnavas zwei vertikale Streifen *(urdhvapundra)* tragen, die nach unten hin in ein blattförmiges Mal auslaufen (siehe Abbildung rechts).

Im *Skanda Purana* wird erklärt, dass die U-Form (die vertikalen Linien) des *urdhvapundra* die Fußspuren Krishnas darstellt und das kleine dreieckige Mal darunter ein *tulasi*-Blatt, wie man es immer auf Krishnas Füßen sehen kann. Außerdem heißt es im *Padma Purana*, dass der Innenraum des U nie ausgefüllt werden sollte, da es das Reich Vishnus symbolisiere (die Linien zu beiden Seiten stehen für Brahma und Shiva). Da die Mitte des *tilak*-Zeichens das Reich Vishnus ist, trägt man in einigen *sampradayas* dort einen kleinen *bindu* (einen roten Punkt) auf, der die Göttin Shri verkörpert.

Zwar sind die Stirnmale am auffälligsten, aber Vaishnavas markieren ihren Körper an insgesamt dreizehn Stellen (Energiezentren) mit *tilak*-Zeichen. Während sie den *tilak* auftragen, rezitieren sie bestimmte Namen des Herrn. Diese Meditation soll das Bewusstsein fördern, dass der Körper ein Tempel Vishnus ist und dementsprechend benutzt werden sollte.

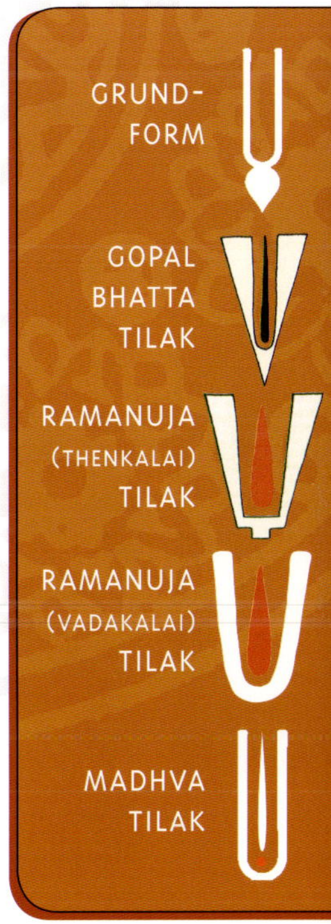

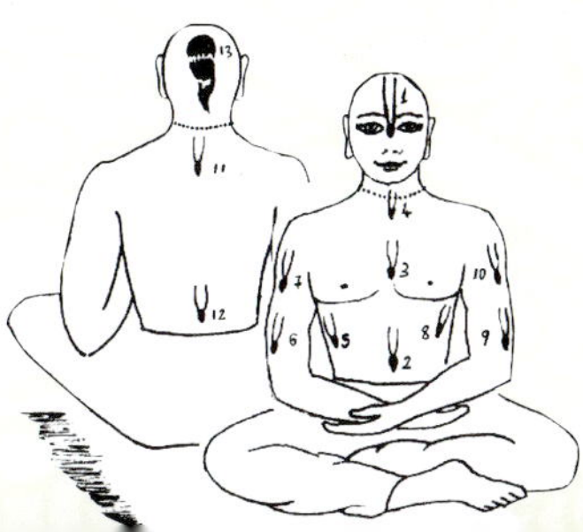

TILAK-MANTREN

Die Namen Gottes, die beim Auftragen der tilak*-Zeichen rezitiert werden, und die dazu gehörigen Körperstellen.*

1 *Om keshavaya namah*
2 *Om narayanaya namah*
3 *Om madhavaya namah*
4 *Om govindaya namah*
5 *Om vishnave namah*
6 *Om madhusudanaya namah*
7 *Om trivikramaya namah*
8 *Om vamanaya namah*
9 *Om shridharaya namah*
10 *Om hrishikeshaya namah*
11 *Om padmanabhaya namah*
12 *Om damodaraya namah*
13 *Om vasudevaya namah*

Die Heilige Kuh

In der religiösen Tradition Indiens wird der Kuh unter den Kreaturen dieser Welt eine besondere Stellung eingeräumt: „Ich sage zu denen, die im Wissen sind: Tut niemals der Kuh etwas zuleide, denn dadurch schadet ihr der Erde und der gesamten Menschheit." – *Rig Veda* 8.101.15

Der Kuh wird in Indien hohe Achtung gezollt, aber es gibt in Hindu-Tempeln keine formale Verehrung einer Kuh-Göttin. Vielmehr wird die Kuh als eine der sieben Mütter der Menschheit geehrt, da sie dem Menschen ihre Milch gibt, so wie eine Mutter ihrem Kind. Gandhi pries die Kuh in höchsten Tönen: „Für mich ist die Kuh die Verkörperung des gesamten menschlichen Innenwesens; sie ermöglicht dem Gläubigen, seine Einheit mit allem Seienden zu begreifen. … Sie zu beschützen bedeutet, alle hilflosen Kreaturen in Gottes Schöpfung zu beschützen."

Die fünf Produkte der Kuh *(panchagavya)* – Milch, Joghurt, Butter, Urin und Dung – gelten alle als reinigend.

Die Kühe spielen eine bedeutende Rolle in der Wirtschaft Indiens. Zum Beispiel dient Kuhdung als kostengünstiger Dünger. Manchmal wird er auch in unterirdischen Behältern zur Erzeugung von Methangas gespeichert, das dann als Brennstoff für Öfen und Heizungen verwertet wird. Kuhdung eignet sich auch zur Desinfektion und wird als medizinische Breipackung und als Reinigungsmittel verwendet.

Traditionsgemäß gilt Krishna als der Freund der Kühe. Krishna wird manchmal auch „Gopal" oder „Govinda" genannt, und diese Namen weisen insbesondere auf Seine Liebe zu den Kühen hin. Auch die Namen des heiligen Landes Braj („Kuhstall") und Seines spirituellen Reiches Goloka („Kuhwelt") sind deutliche Zeichen Seiner innigen Beziehung zu den Kühen. Krishnas Liebe zu den Kühen wird in der vedischen Literatur immer wieder gepriesen. Es ist daher kein Wunder, dass die Veden so großen Wert auf *ahimsa* legen, Gewaltlosigkeit gegenüber allen empfindsamen Wesen, und insbesondere auf Kuh schutz.

Das vedische Nachschlagewerk *Nighantu* erwähnt neun Sanskritnamen für die Kuh, von denen drei – *aghnya* und *ahi* („sollte nicht getötet werden") sowie *aditi* („sollte nicht verletzt werden") insbesondere ihr Schlachten verbieten. Im *Mahabharata* heißt es: „Bereits der Name der Kuh – *aghnya* – weist darauf hin, dass sie nicht geschlachtet werden sollte. Wer könnte es also wagen, sie zu töten? Wer eine Kuh oder einen Stier tötet, begeht das abscheulichste Verbrechen." (*Shanti-parva* 262.47)

Vegetarismus

Dass der Vegetarismus in Indien schon immer weit verbreitet war, ist bereits nach flüchtiger Betrachtung der traditionellen religiösen Literatur Indiens klar ersichtlich. In der *Manu-smriti* (5.49), einer vedischen Richtlinie für menschliches Verhalten, heißt es: „Bedenkt man die abscheuliche Herkunft von Fleisch und die Grausamkeit, mit der die Gefangenschaft und das Schlachten verkörperter Wesen verbunden sind, dann sollte man sich des Fleischessens völlig enthalten." Im gleichen Werk (6.12) wird gesagt, dass Fleischessen den Akt des Tötens mit sich bringt und folglich zu karmischer Bindung *(bandha)* führt.

Im *Mahabharata* erklärt der große Krieger Bhishma dem ältesten der Pandava-Prinzen, Yudhishthir, dass das Fleisch von Tieren wie das Fleisch der eigenen Söhne sei; Fleischessen sei abscheulich. Das *Mahabharata* betont diesen Punkt. An einer anderen Stelle wird gesagt, das Essen verunreinigter Nahrung sei nicht so schlimm wie Fleischessen (hierzu sei bemerkt, dass Reinlichkeit für die *brahmanas* des alten Indien ein göttliches Prinzip darstellte).

Im *Mahabharata* heißt es außerdem: „Fleischessen befindet sich in der Erscheinungsweise der Dunkelheit und führt zu Unwissenheit und Krankheit." Und: „Eine gesunde vegetarische Ernährung ist sattvisch und tugendhaft; sie stärkt die Reinheit des Bewusstseins und verlängert die Lebensdauer."

Das Thema Ernährung beschränkt sich in den vedischen Schriften nicht auf das Vermeiden des Tötens und die Vorteile einer vegetarischen Diät. Es wird darauf hingewiesen, dass man alle Nahrung Gott als Opfer darbringen sollte: „Ganz gleich was du tust, was du isst, was du opferst, was du verschenkst, was für Bußen du dir auferlegst", sagt Shri Krishna, „tu es als Opfer für Mich." (*Bhagavad-gita* 9.27) Man sollte jedoch nicht fälschlich zu dem Schluss kommen, man könne alles opfern: „Wenn Mir jemand mit Liebe und Hingabe ein Blatt, eine Blume, eine Frucht oder etwas Wasser darbringt, werde Ich solche Gaben annehmen." (9.26)

Auch andere Textstellen in der vedischen Literatur bestätigen, dass Früchte, Gemüse, Getreide, Nüsse und Milchprodukte für den menschlichen Verzehr geeignet sind. Anhänger der Lehren der *Gita* nehmen Abstand von Fleisch, Fisch, Geflügel und Eiern, da diese Dinge von den Schriften und den vedischen Propheten nicht gebilligt werden.

Die *Bhagavad-gita* erklärt ferner, dass jemand, der seine Nahrung mit Liebe Gott darbringt, von allen sündhaften Reaktionen und von der Wiedergeburt in der materiellen Welt befreit ist: „Die Geweihten des Herrn sind von aller Sünde befreit, weil sie Nahrung essen, die zuerst als Opfer dargebracht wurde. Andere, die Nahrung für ihren eigenen Sinnengenuss zubereiten, essen wahrlich nur Sünde." (3.13) Die Überreste solcher spirituellen Opferungen werden *prasadam* genannt („die Gnade des Herrn").

Die meisten Tempel Indiens verteilen gratis geweihte vegetarische Speisen *(prasadam)* zum Nutzen der Menschenmassen, die täglich dorthin strömen. Einer der berühmtesten vedischen Weisen, Narada Muni, ließ sich allein durch das Kosten solch geopferter Speisen dazu inspirieren, den spirituellen Pfad zu beschreiten.

Von den zahlreichen zeitgenössischen Bewegungen und Gruppierungen, die auf vedischer Philosophie und Religion beruhen, ist insbesondere die Internationale Gesellschaft für Krishna-Bewusstsein (ISKCON) wegen ihres Einsatzes für den Vegetarismus und wegen ihrer *prasadam*-Verteilung erwähnenswert. In ihren vielen Tempeln und Restaurants wird den Gästen nur *prasadam*, geweihte vegetarische Nahrung, serviert.

STIMMEN ZUM VEGETARISMUS

„Rein durch ihre physische Wirkung auf das menschliche Temperament würde die vegetarische Lebensweise das Schicksal der Menschheit äußerst positiv beeinflussen können."

—Albert Einstein

„Solange die Menschen Tiere schlachten, werden sie sich auch gegenseitig töten. Wer Tod und Leid sät, kann unmöglich Freude und Liebe ernten."

—Pythagoras

„Wenn der Mensch den Tiger umbringen will, nennt man das Sport. Wenn der Tiger den Menschen umbringen will, nennt man das Bestialität."

—George Bernard Shaw

„Ein totes Rind oder Schaf auf der Weide gilt als Kadaver. Dasselbe Aas, zerlegt und beim Fleischer hängend, wird als Nahrung bezeichnet."

—J. H. Kellogg

„Der Verzehr von Fleisch tötet den Keim der großen Barmherzigkeit mit allen Lebewesen."

—*Mahaparinirvana Sutra*
(heilige Schrift der Buddhisten)

„Und das Fleisch der erschlagenen Tiere wird in seinem Leibe zu seinem eigenen Grabe werden. Denn wahrlich sage ich euch, wer tötet, tötet sich selbst, und wer das Fleisch gemordeter Tiere isst, isst vom Leibe des Todes."

— *Das Friedensevangelium der Essener*

„Jede Missachtung, jede Vernachlässigung und Vergeudung des Lebens ist ein Schritt zur Todesliebe. Diese Wahl muss der Mensch in jeder Minute treffen. Noch nie waren die Folgen der falschen Wahl so umfassend und unwiderruflich, wie sie es heute sind. Noch nie war die Warnung der Bibel so dringlich und aktuell: ‚Ich habe euch Leben und Tod, Segen und Fluch vorgelegt; so erwähle nun das Leben, auf dass du lebest, du und dein Same.' (5. Mose 30.19)"

—Erich Fromm

„Die Größe und den moralischen Fortschritt einer Nation kann man daran messen, wie sie die Tiere behandelt."

—Mahatma Gandhi

FESTIVALS

Indien wird oft das Land genannt, in dem „in zwölf Monaten dreizehn religiöse Festivals" stattfinden. Obwohl Vaishnava-Festivals mit ihren farbenfrohen Dekorationen, aufwändigen Ritualen, Theatervorstellungen, eventuell sogar festlich gekleideten Elefanten, dem Singen und Tanzen und den großen Festmählern alles andere als weltfremd sind, verfolgen sie in erster Linie spirituelle Zwecke.

Aufgrund der überaus umfangreichen Vaishnava-Tradition gibt es fast täglich einen festlichen Anlass. Das Ausmaß dieser Feste reicht vom *mahotsava* („großes Festival") bis zur einfachen Zusammenkunft im Familienkreise. Die Kumbha Mela, das größte religiöse Fest der Welt, zieht Millionen von Asketen und Pilgern an, während die Zeremonie der ersten Aufnahme fester Nahrung eines Kindes *(annaprashana)* lediglich die Gegenwart des Vaters und der Mutter erfordert.

Jedes Festival hat verschiedene Bedeutungsschichten und erhebt auf vielfältige Weise das Bewusstsein der Teilnehmer. Die Menschen veranstalten und besuchen Festivals, um sich zu läutern, um den Segen der Weisen und deren religiöse Unterweisung zu empfangen und um eine erholsame Ruhepause vom Alltagsleben einzulegen.

Die Termine für die Festivals richten sich nach dem Vaishnava-Kalender, der im Gegensatz zu unserem gregorianischen Sonnenkalender nach den Phasen des Mondes berechnet wird. Folglich scheinen die Feste jedes Jahr an anderen Tagen stattzufinden. Es folgt eine kurze Übersicht der wichtigsten Festtage.

Im Monat Magh (Januar–Februar) findet die Magh Mela, eine Art Vaishnava-Gegenstück der viel größeren Kumbha Mela, statt.

Ebenfalls im Magh, gerade vor Beginn des Monats Phalguna, wird in ganz Indien das gewaltige Maha Shivaratri gefeiert, eines der größten Festivals des Kontinents. Maha Shivaratri ist an sich kein Vaishnava Feiertag, doch viele Vaishnavas verehren Shiva als Krishnas größten Geweihten und kommen an diesem Tag zusammen, um Shiva zu preisen.

Im Phalguna (Februar–März) finden zwei weitere Festivals statt: Gaura Purnima (der Erscheinungstag Shri Chaitanya Mahaprabhus) und Holi (ein Fest zur Feier des Frühlings-

anfangs). Am Holi bestäuben sich die Menschen gegenseitig mit buntem, aromatischem Farbpuder, zum Gedenken an eine der vielen *lilas* von Krishna und den *gopis*.

Chaitra (März–April) ist die Zeit von Shri Ramachandras Erscheinen in dieser Welt. Zu dieser Zeit finden überall Lesungen und Theatervorstellungen der *lilas* von Sita und Rama statt.

Im Vaishakha (April–Mai) treffen viele Vaishnavas Vorbereitungen für das Erscheinen Nrisimhadevas, der grimmigen Mensch-Löwen-Inkarnation des Herrn. Zu diesem Anlass, genannt Nrisimha Chaturdashi, werden zum Gedenken an den heiligen Knaben Prahlad und seine Beziehung zu Nrisimha Geschichten vorgetragen und Dramen aufgeführt.

In den Monat Jyestha (Mai–Juni) fällt Buddha Purnima, an dem gleichzeitig Buddhas Geburt, seine Erleuchtung und sein Eingehen ins Nirvana gefeiert werden. Vaishnavas betrachten Buddha als eine Inkarnation Vishnus, und so nehmen auch sie an diesem Fest teil.

Ashadha (Juni–Juli) ist die Zeit des großen Ratha-yatra-Festivals in Puri, einer feierlichen Prozession, die dank der Bemühung der Internationalen Gesellschaft für Krishna-Bewusstsein (ISKCON) jetzt in Großstädten rund um den Globus begangen wird.

Im Monat Shravana (Juli–August) wird Naga Panchami gefeiert, ein Fest zur Verherrlichung Balarams (Krishnas älterer Bruder) in Seiner Gestalt als Shesha, einer gewaltigen Schlange, die Vishnu als kosmische Bettstatt dient.

In den Monat Bhadra (August–September) fällt Shri Krishna-Janmashtami (das heilige Erscheinen Shri Krishnas). Ebenfalls im Bhadra findet Radhashtami statt, der göttliche Geburtstag Radhas, der Gefährtin Shri Krishnas. Ein weiteres wichtiges Fest in diesem Monat ist Ganesh Chaturthi, der Tag des elefantenköpfigen Gottes Ganesh.

Im Ashvin (September–Oktober) findet ein besonderes Festival im Zusammenhang mit der Durga Puja statt; außerdem gibt es eine lange Reihe von Feierlichkeiten, an deren Ende die Niederlage Ravanas steht, des Bösewichts aus dem *Ramayana*. Zu diesem Anlass werden riesige Bildnisse des Tyrannen Ravana auf den Straßen Indiens in Brand gesetzt.

Der gesamte Monat Kartik (Oktober–November) ist ein kontinuierlicher Vaishnava-mahotsava; zwei der festlichen Höhepunkte in diesem Zeitraum sind Divali, das beliebte Lichterfest, und Govardhan Puja, ein Festival, das Krishnas Vormachtstellung gegenüber anderen Göttern hervorhebt.

Dies ist bloß eine kleine Auswahl aus dem endlosen Festival des *vaishnava-dharma*.

Die drei Gunas

Die Lehre von den drei *gunas* (Erscheinungsweisen der materiellen Natur) ist ein fester Bestandteil des Vaishnava-Weltbilds. Nach dieser Auffassung kann man überall in der materiellen Existenz drei grundsätzliche Wesenszüge finden: *sattva* (Tugend, Reinheit, Klarheit), *rajas* (Leidenschaft, Anstrengung, Trieb) und *tamas* (Trägheit, Unwissenheit, Dunkelheit).

Der Begriff „Erscheinungsweise" ist eine freie Übersetzung des Sanskritwortes *guna*, das wörtlich „Strick" bedeutet (mit der Idee, dass *sattva, rajas* und *tamas* wie Stricke wirken, die das Individuum an die materielle Welt binden). Die drei primären *gunas* liegen allem zugrunde, was wir sehen, hören, schmecken, fühlen und riechen, ja die gesamte Welt setzt sich aus den *gunas* zusammen. Wie die drei Grundfarben Rot, Blau und Gelb können die *gunas* in unzähligen Mischformen auftreten.

Sattva ist gekennzeichnet durch Tugenden und Eigenschaften wie Weisheit, Freude und Uneigennützigkeit; *rajas* durch Ehrgeiz, Gier, Frustration und Zorn; *tamas* durch Müßiggang, Trägheit und Illusion. Zum Beispiel werden im Varnashrama-System *brahmanas* der Erscheinungsweise der Tugend zugeordnet, *kshatriyas* der Leidenschaft, *vaishyas* der vermischten Leidenschaft und Unwissenheit und *shudras* der Unwissenheit.

Die drei Erscheinungsweisen werden oft mit Eigenschaften beschrieben wie klärend, verwirrend und verdunkelnd; oder beruhigend, antreibend und behindernd. In der Vaishnava-Tradition wird jede Erscheinungsweise mit einer Hauptgottheit in Verbindung gebracht: Vishnu, der Höchste Herr, der die Schöpfung erhält, waltet über die Erscheinungsweise der Tugend; Brahma, der Schöpfergott, ist der Herr der Tugend, und Shiva, der Zerstörer, ist für Unwissenheit zuständig.

Im Leben eines jeden Menschen ist eine bestimmte Erscheinungsweise vorherrschend, die sein Verhalten prägt und bedingt. Wer den Einfluss der Erscheinungsweisen auf sein Verhalten und Bewusstsein versteht, dem fällt es leichter, ausgeglichen und glücklich zu sein. Trotzdem sollte man letztlich danach streben, dem Einfluss aller drei *gunas* zu entkommen, auch dem der Tugend.

Obwohl Tugend erhabene materielle Eigenschaften verkörpert, sind jene Eigenschaften noch immer materiell und können, wie es der Indologe A. L. Basham ausdrückte, „die letzte Schwäche eines edlen Herzens darstellen, die die Seele dazu verleiten, sich an Weisheit und Freude zu klammern anstatt

direkt an Gottesbewusstsein".

Die erste systematische Analyse der Erscheinungsweisen findet man in der *Bhagavad-gita*, von deren siebenhundert Versen einhundert diesem Thema gewidmet sind. Nach den Lehren der *Gita* steht Gott als Schöpfer der Erscheinungsweisen naturgemäß über den *gunas*, die gewöhnliche Seele hingegen nicht. Das vierzehnte Kapitel der *Gita* umreißt die allgemeinen Merkmale der Erscheinungsweisen und weist darauf hin, wie wichtig es ist, die *gunas* zu verstehen und sich über sie zu erheben. Das siebzehnte Kapitel beschreibt die Wirkungsweise der *gunas* in den Gebieten Verehrung, Opfer, Askese, Nahrung und Spenden. Im Wesentlichen konzentriert sich die *Gita* auf die Feinheiten der drei Erscheinungsweisen und skizziert ausgeprägte Persönlichkeitstypen in deren Licht.

DIE DREI ERSCHEINUNGSWEISEN IN ANDEREN TRADITIONEN

Auch andere Traditionen kennen eine Dreiteilung von Wesensarten, die grundlegenden Persönlichkeitstypen entsprechen. Nach Platon gibt es drei „Seelenteile": Vernunft, Mut und Begierde. Dieser Einteilung entsprechen der intellektuelle, kontemplative Typ, der kämpferisch veranlagte und von Tatendrang geprägte Charakter sowie der dünkelhafte Egoist. Platon lehrt, dass alle drei Seelenteile in jedem Individuum vorhanden seien, dass aber zwangsläufig einer der drei vorherrschend sei, ähnlich wie bei der Lehre von den drei *gunas*.

In gewissen Schulen der modernen Psychologie unterscheidet man zwischen drei Körperbautypen: ectomorph (schlank, Leptosom), mesomorph (muskulös, Athlet) und endomorph (untersetzt, Pykniker). Es heißt, diesen drei physischen Konstitutionen entsprechen drei Temperamentstypen: cerebrotonisch (gehirnorientiert), somatotonisch (muskelorientiert) und viscerotonisch (Magen-Herz-orientiert). Indologen wie A. L. Herman, Professor für Philosophie an der University of Wisconsin / Stevens Point, haben darauf hingewiesen, dass sich diese Klassifizierung zwar nicht genau mit der Lehre der drei Erscheinungsweisen decke, dass aber genügend Parallelen vorhanden seien, um weitere Forschung zu rechtfertigen. Ferner bestätigt Herman, dass die *Gita* eine der tiefgehendsten Analysen der Psyche des Menschen im Wechselspiel mit der materiellen Welt aufweist.

Ayurveda

Ayurveda („die Wissenschaft vom Leben") ist ein uraltes System der Naturheilkunde. Die Grundlagen der ayurvedischen Wissenschaft wurden vor etwa fünftausend Jahren, also noch vor den Anfängen der chinesischen Medizin, schriftlich niedergelegt (im *Atharva Veda*). Die ayurvedische Wissenschaft enthält hochdetaillierte Beschreibungen von ausgereiften Heilverfahren und soll von einer Inkarnation Vishnus namens Dhanvantari in unsere Welt gebracht worden sein.

Vor 2500 Jahren wurde die Wissenschaft von den Weisen Charaka und Sushruta, die als Gründerväter der Heilkunde gelten, systematisiert. Sushruta, der Begründer der ayurvedischen Chirurgie, führte so komplizierte und heikle Operationen durch wie Kaiserschnitte, Star- und Gehirnoperationen.

Die Werke Charakas und Sushrutas – die *Charaka-samhita* und die *Sushruta-samhita* – gibt es noch heute. Diese detaillierten Heilkundebücher genießen hohes Ansehen, da die vedischen Ärzte, die sie einstmals niederschrieben, weise Seher *(rishis)* waren, die ihre Erkenntnisse über die inneren Funktionsweisen des menschlichen Körpers in der Meditation erlangten. Heute lassen sich diese Erkenntnisse bestätigen, indem man die alte vedische Heilkunde mit modernen medizinischen Entdeckungen vergleicht (die vedischen Texte beschreiben beispielsweise ausführlich die schrittweise Entwicklung des Fötus).

Der *Ayurveda* enthält eine Unmenge an Wissen, und seine Themen reichen von Kinderheilkunde über Geburtshilfe, Gynäkologie, innere Medizin, HNO-Heilkunde bis hin zu Narkosenfachlehre, Prothetik und plastischer Chirurgie.

Der *Ayurveda* beschreibt den psychophysischen Zustand eines Menschen anhand von drei *doshas* („Säfte"): *vata* (Luft / Wind), *pitta* (Feuer / Galle) und *kapha* (Erde / Schleim). Je nach der körperlichen Gesamtkonstitution eines Menschen dominiert einer dieser drei Säfte. Krankheit, so erklären die ayurvedischen Texte, sei auf eine Unausgewogenheit der drei Lebensenergien zurückzuführen.

Die ayurvedische Behandlung beruht auf Naturkräutern und holistischer Medizin

Laut *Ayurveda* kann man seine Gesundheit durch ein Ausbalancieren der *doshas* wiederherstellen. Störungen im Gleichgewicht der *doshas* lassen sich beheben durch individuelle Korrekturen der Ernährung, durch einen geregelten Tagesablauf, sorgfältige Körperpflege sowie durch eine positive Umgebung und lebensbejahende Gedankenmuster. Die medizinische Anwendung von Nahrung und Kräutern spielt in der ayurvedischen Wissenschaft eine bedeutende Rolle und richtet sich individuell nach der körperlichen Konstitution.

Leider ist der *Ayurveda* aufgrund von einfallenden Eroberern und Unruhen im Landesinnern im Laufe der Zeit stark in Vergessenheit geraten. In jüngster Zeit wird ihm aber wieder wachsende Beachtung geschenkt, und zwar sowohl von holistischen als auch von allopathischen Schulen. Gegenwärtig gibt es in Indien Hunderte von Universitäten, an denen *Ayurveda* gelehrt wird, und in Amerika gibt es eine chirurgische Lehranstalt namens Sushruta Society. Heute herrscht ein weltweites Interesse am *Ayurveda*.

Oben: In Seiner Inkarnation Mohini-murtis verteilt Vishnu Nektar, der von Krankheit, Alter und Tod befreit.
Rechts: Dhanvantari, die Inkarnation Vishnus, die den Ayurveda begründete.

Vedische Astrologie

Astrologie ist in Indien seit frühester Zeit eine **anerkannte Wissenschaft**. Neben den Hauptwerken des vedischen Kanons gibt es **sechs untergeordnete Zweige** vedischer Weisheit, die so genannten *angas*. Einer von ihnen ist **Jyotish**: Astronomie und Astrologie.

Jyotish (wörtlich „Licht") beschreibt Planeten, Sterne und andere Himmelskörper. Frühe indische Astronomen unterteilten den Himmel, der die Erde umgibt, in zwölf Teile, die *rashis* (Konstellationen) genannt werden. Jeder *rashi* erhielt einen Namen gemäß der Form, der seine Konstellation in der Natur ähnelte. So wurde das erste Sternzeichen, das der Form eines Widders ähnelt, Mesha (Widder) genannt. Auch nach westlicher Terminologie wird Mesha „Widder" (Aries) genannt. Andere Beispiele: Taurus = Rishabha (Stier), Leo = Simha (Löwe). Wenn ein bestimmtes Tierkreiszeichen von einer bestimmten Gegend aus am Horizont des Himmels steht, sagt man, dass jemand, der zu dieser Zeit dort geboren wird, in jenem Tierkreiszeichen geboren ist.

In der vedischen Astrologie gibt es fünf Teilgebiete: *jataka* (Geburtshoroskope), *prashna* (Fragehoroskope), *varshaphala* (Prophezeiungen), *muhurta* (Wahl einer günstigen Zeit für ein bestimmtes Vorhaben) und *yatra* (weltliche Astrologie). Jedes dieser Teilgebiete hat seine eigenen Berechnungsmethoden zur Interpretation der Gegebenheiten.

Die Methoden der vedischen Astrologie unterscheiden sich von denen ihres westlichen Gegenstücks, wenngleich es auch Übereinstimmungen und Parallelen gibt. Auch die Stärken beider Schulen sind ungleich verteilt. Manche sagen, die westliche Astrologie zeichne klarere Persönlichkeitsbilder, während die vedische Astrologie genauer zutreffende Voraussagen mache.

Es heißt, dass ein guter vedischer Astrologe bestimmte Fakten über das Karma (vorangegangene Handlungen) eines Menschen erkennen und folglich dessen Schicksal beschreiben kann. Zwei Dinge sollten aber in diesem Zusammenhang erwähnt werden. Erstens gibt es heutzutage kaum noch qualifizierte vedische Astrologen (ein jahrelanges Studium und intuitive Weisheit sind erforderlich). Zweitens betrachten Vaishnavas im Allgemeinen astrologische Angaben als einen Zusatz zu dem Wissen, das sie aus den Veden erhalten. Astrologie ist also höchstens ein willkommenes Beiwerk, keine absolute Wissensquelle. Vaishnavas wissen, dass letztlich Krishna der Lenker aller Geschicke ist, und da Krishna den freien Willen des Lebewesens respektiert, kann sich das Schicksal des Einzelnen jederzeit ändern.

ANGEWANDTE VEDISCHE ASTROLOGIE

Ein wichtiger Aspekt der vedischen Astrologie ist *muhurta*, „die rechte Zeit, um ein Vorhaben zu beginnen". Zum Beispiel gibt es günstige und ungünstige Zeiten für den Beginn eines geschäftlichen Unternehmens oder das Schließen einer Ehe. An der Hindu University of Benares gibt es ein Jyotish-Institut, an dem der jährliche astrologische Kalender erstellt wird. Die gesamte Hinduwelt richtet sich nach diesem Kalender, um das genaue Datum religiöser Festtage und die beste Zeit für öffentliche Veranstaltungen zu bestimmen.

Die vedischen Gottheiten beherrschen verschiedene Planeten: Budh (Merkur), Sukra (Venus), Chandra (Mond), Mangal (Mars), Surya (Sonne), Guru (Jupiter), Sani (Saturn), Kethu (südlicher Mondknoten) und Rahu (nördlicher Mondknoten).

DAS GAYATRI-MANTRA

Das heilige Gayatri-Mantra wird seit Jahrtausenden an den Ufern der heiligen Flüsse Indiens rezitiert. Dazu kann man sich einen indischen Heiligen im traditionellen Lotossitz vorstellen, der seinen Blick über die Wellen des Ganges schweifen lässt, so wie es *brahmanas* seit zahllosen Generationen getan haben. Um seinen Daumen hat er die heilige Schnur *(upavita)* gewickelt und murmelt heilige Klangschwingungen vor sich hin, die nur er und der Herr hören können. Das ist das *brahma-gayatri-mantra*, das allen *brahmanas* und Vaishnavas bekannt ist.

Das Gayatri-Mantra ist vertraulich. Der Lehrer flüstert es in das rechte Ohr des Schülers, denn in den Schriften heißt es, das Mantra sei nutzlos, würde es anders empfangen. Wir werden es daher hier nicht wiedergeben. Mit dem Mantra wird der Sonne Achtung erwiesen, und es wird dreimal täglich gebetet: bei Sonnenaufgang, mittags und bei Sonnenuntergang. In der Vaishnava-Tradition gilt die Sonne als eine Verkörperung Gottes, da sie, wie Gott, alles erleuchtet.

Gaudiya-Vaishnavas meditieren nicht nur über *ein* Gayatri-Mantra. Neben dem *brahma-gayatri* richten sie zwei Gebete an den Guru, zwei an Chaitanya Mahaprabhu und zwei an Krishna. Alle sieben dieser Mantren werden von den Vaishnavas als Gayatris betrachtet, doch streng genommen ist das nicht der Fall. Um ein echter Gayatri zu sein, sollte ein Mantra die Wörter *vidhmahe* (die Anrufung), *dhimahi* (den Pfad) und *prachodayat* (das Ziel) enthalten. Interessanterweise deckt sich das Gayatri-Mantra in dieser Hinsicht mit dem *Shrimad Bhagavatam* (die wichtigste aller Vaishnava-Schriften), dessen drei grundlegende Themen *sambandha (vidmahe), abhideya (dhimahi)* und *prayojana (pracho dayat)* sind. Folglich sind Bedeutung und Ziel des Gayatri-Mantras und des *Shrimad Bhagavatam* eins – beide führen zum Pfade der Befreiung.

Vier der sieben „Gayatri-Mantren" der Vaishnava-Tradition sind im strengsten Sinne echte Gayatris. Die restlichen drei sind trotzdem gleich wichtig, denn eines davon ist ein einleitendes Gebet an den Guru, das zweite ein ähnliches einleitendes Gebet an Mahaprabhu und das dritte das Gopal-Mantra, das als eines der wichtigsten Mantren des Gaudiya-Vaishnava-sampradaya gilt, da in ihm die erhabene Stellung der *gopis* und ihrer unvergleichlichen Liebe zu Krishna begründet wird. Tiefe Meditation über all diese Mantren erhebt den Devotee auf die Ebene klaren Bewusstseins und reiner Tugend und verhilft ihm so zu einer vertieften Ausübung der Meditation über das *mahamantra:* Hare Krishna, Hare Krishna, Krishna Krishna, Hare Hare / Hare Rama, Hare Rama, Rama Rama, Hare Hare.

„Ich bin die Silbe *om* in den vedischen Mantren."

—Shri Krishna, *Bhagavad-gita* 7.8

Laut Aussage der Upanishaden ist *om* die Klangverkörperung des Höchsten, das unpersönliche Brahman in Klangform. Zwar sagen viele, *om* (oder *a-u-m*) ließe sich nicht direkt übersetzen, aber das Wort besteht aus dem ersten und letzten Vokal (a bzw. u) sowie dem letzten Konsonanten (m) des Sanskritalphabets. *Om* gilt als das „vollkommene Wort", das „alle Wahrheit enthält, die Worte vermitteln können". Ferner heißt es, „a" stehe für das Wachbewusstsein, „u" für das Traumbewusstsein und „m" für den Tiefschlaf. Folglich stellt *a-u-m* die Gesamtheit des Bewusstseins dar.

In Indiens spiritueller Tradition gilt *a-u-m* als das *pranava (omkara)*, die mystische Silbe, und trägt folglich eine ganz bestimmte Vaishnava-Bedeutung: Der Buchstabe „A" *(a-kara)* bezieht sich auf Krishna, den anfanglosen Anfang und die Quelle aller Energie; der Buchstabe „U" *(u-kara)* steht für Radharani, die Freudenenergie des Herrn und die Verkörperung aller göttlichen Energien; und „M" *(ma-kara)* bezieht sich auf alle Lebewesen *(jivas)*, die dafür bestimmt sind, ihre Energie in den Dienst des Herrn zu stellen. Somit sehen Vaishnavas OM als die Essenz aller spirituellen Energie und die Gesamtheit des Daseins.

Durch Meditation über das Gayatri-Mantra (links in seiner personifizierten Form als Gayatri Devi abgebildet) erhielt der Schöpfergott Brahma die Kraft, die Vielfalt des materiellen Universums zu erschaffen.

Klang

Bestimmte Teile der vedischen Schriften lesen sich fast wie Lehrbücher über Klang, so sehr wird dort der Gebrauch von Klang als spirituellem Hilfsmittel betont. Die gleiche Vorstellung findet man auch in anderen Kulturen. Aufzeichnungen aus so unterschiedlichen Ländern wie Ägypten und Irland berichten von einer Zeit, als kundige Spiritualisten Klangschwingungen vom Grunde unseres Universums zum Nutzen der Menschheit einsetzten. Bereits in der Bibel heißt es: „Im Anfang war das Wort." (Johannesevangelium 1.1) In den Vaishnava-Schriften wird bestätigt, dass die gesamte kosmische Schöpfung mit Klang begann: „Durch Seine Worte entstand der Kosmos." (*Brihad-aranyaka Upanishad* 1.2.4) Ferner heißt es in den *Vedanta-sutras,* dass auch die endgültige Erlösung auf Klang beruht *(anavrittih shabdat)*.

Der Urklang wird Shabda Brahman genannt, Gott in Wortgestalt. Ein ähnliches Denkmodell ist das des Nada Brahman (Gott als Klang). *Nada,* ein Sanskritwort mit der Bedeutung „Klang", ist mit dem Bergriff *nadi* verwandt, das einen Strom von Bewusstsein bezeichnet. Diese Vorstellung geht auf den *Rig Veda* zurück, den ältesten Teil der Veden. Die Verbindung von Klang und Bewusstsein ist also seit langer Zeit in Indiens Literatur festgehalten. Die vedischen Schriften bezeichnen Klang als das direkteste Mittel, um höheres, spirituelles Bewusstsein zu erlangen.

Mantren, spirituelle Klangschwingungen, werden dazu benutzt, die niederen Bewusstseinsebenen der Sinne, des Geistes und des Intellekts zum Zwecke der Läuterung und der spirituellen Erleuchtung zu durchdringen. Es ist erwiesen, dass der Klang bestimmter Buchstaben, insbesondere Sanskritbuchstaben, den Geist, den Intellekt und die Gehörnerven derer beeinflusst, die sie artikulieren und hören. Die sieben Energiezentren (Chakren) der Wirbelsäule sowie die *nadis* namens *ida,*

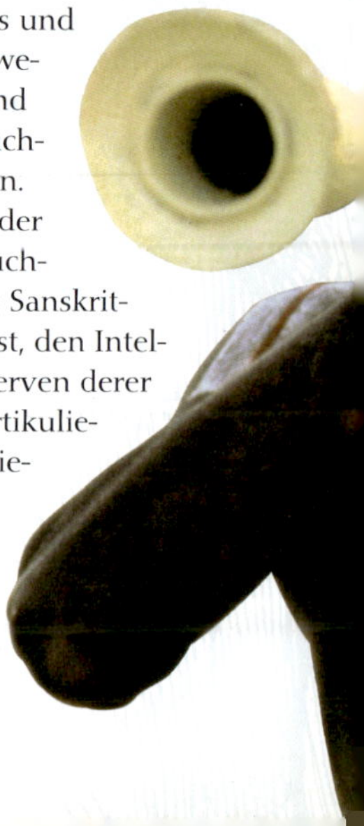

pingala und *sushumna* (die drei pranischen Kanäle des feinstofflichen Körpers) reagieren auf Mantren und erheben das Bewusstsein auf höhere Ebenen.

GEHEIMNISVOLLE WELT DES KLANGS

Aufgrund der Vielfalt von Klängen, denen der moderne Mensch ausgesetzt ist, ist sein Gehörsinn meist überlastet, und feinere Töne nimmt er oft gar nicht mehr wahr. Sein physisches Hörvermögen ist ohnehin auf einen relativ kleinen Ausschnitt des Klangspektrums begrenzt. Der Mensch ist zwar für den Schwingungsbereich zwischen 1000 und 4000 Hertz äußerst empfänglich, doch jenseits von 20 000 Hertz hört er nichts mehr. Demgegenüber können Hunde und Katzen Schwingungen bis zu 60 000 Hertz wahrnehmen, während die Hörgrenze von Mäusen, Fledermäusen, Walen und Delphinen selbst bei 100 000 Hertz noch nicht erreicht ist.

Trotz unserer Taubheit gegenüber bestimmten Frequenzen ist unser Hörvermögen relativ gesehen immer noch besser als unser Sehvermögen. In ihrem Buch *Chant* (New York, Bell Power Publishing, 1994, S. 28-29) führt Katharine Le Mee diesen Gedanken fort:

„Der Gehörsinn … ist eng mit dem Herzen verbunden, und daher werden wir durch Klang und Musik am unmittelbarsten berührt. Optische Erfahrungen hinterlassen keine so tiefen Eindrücke wie auditive. Das könnte man damit erklären, dass unser Sehsinn einen Frequenzbereich von etwas weniger als nur einer Oktave erfassen kann (von infrarot bis ultraviolett), wohingegen unser Hörsinn acht Oktaven wahrnimmt (etwa von 60 bis 16 000 Hertz, d. h. Schwingungen pro Sekunde). Die Klangfrequenz nehmen wir als Tonhöhe wahr, die Lichtfrequenz als Farbe. Die Frequenzen des visuellen Bereichs liegen viel höher (etwa 10^{10} mal) als die des auditiven Bereichs, und wie allgemein bekannt ist: je höher die Frequenz, desto niedriger die Materialdurchdringung. Zum Beispiel können wir mit einem Stück Pappe problemlos Lichtstrahlen von uns abschirmen, aber um Klang von uns abzuhalten, brauchen wir eine dicke Wand. Je niedriger die Klangfrequenz, desto höher die Materialdurchdringung. Wir sind sehr klangempfindlich, und wir nehmen Klänge nicht nur durch das Ohr auf, sondern auch durch die Haut, und alle unsere Organe werden von ihnen beeinflusst."

Es ist wissenschaftlich erwiesen, dass die menschlichen Sinne unvollkommen und begrenzt sind und dass jenseits des menschlichen Wahrnehmungsvermögens eine ganze Welt sinnlicher Erfahrung liegt. Die Vaishnava-Schriften bestätigen diese Begrenzungen menschlichen Sehens und Hörens und beschreiben unermessliche Sphären spirituellen Klangs.

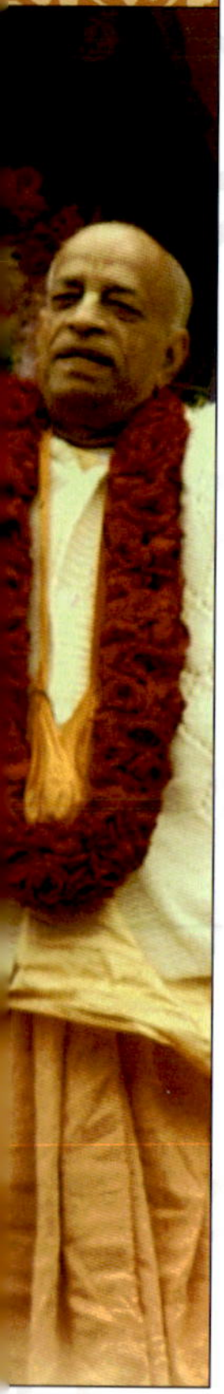

Der Heilige Name

(Krishna sagt:)
„Weder bin Ich im spirituellen Reich
noch in den Herzen der Yogis;
wo Meine Geweihten Mich lobpreisen,
dort, o Narada, dort weile Ich!“ – *Padma Purana*

In den Vaishnava-Schriften findet man folgende Analogie: So wie man einen Schlafenden aufwecken kann, indem man ein Geräusch macht oder ihn beim Namen ruft, kann sich der Mensch aus seinem materiellen Schlummer erwecken, indem er den Namen Gottes anruft. Die großen Religionen dieser Welt bestätigen, dass man durch das Lobpreisen des Gottesnamens Erleuchtung und Freiheit von der materiellen Bedingtheit erlangt.

Mohammed lehrte: „Preise den Namen des Herrn, des Höchsten.“ (Koran 87.2) Paulus sprach: „Jedem, der den Namen des Herrn anruft, wird das Heil geschenkt werden.“ (*Römer* 10.13) Buddha erklärte: „Alle, die aufrichtig meinen Namen anrufen, werden nach dem Tode zu mir gelangen, und ich werde sie ins Paradies holen.“ (*Gelübde des Amida Buddha* 18) König David predigte: „Vom Aufgang der Sonne bis zum Niedergang sei gelobt der Name des Herrn!“ (*Psalmen* 113.3) Und die Schriften der Vaishnavas betonen: „Lobe den heiligen Namen, lobe den heiligen Namen, lobe den heiligen Namen des Herrn! In diesem Zeitalter des Streits gibt es keinen anderen Weg, keinen anderen Weg, keinen anderen Weg zur spirituellen Erleuchtung.“ (*Brihan-naradiya Purana* 3.8.126)

Der Lobpreis des heiligen Gottesnamens ist ein Thema, das in der Literatur der Vaishnavas immer wieder auftaucht: „Wie glorreich sind diejenigen, deren Zunge mit dem Klang Deines heiligen Namens geschmückt sind! Selbst wenn sie aus der Familie eines niedrig geborenen Hundeessers stammen, muss ihnen alle Ehre entgegengebracht werden. Um so weit zu kommen, den Namen des Herrn anzurufen, müssen sie Askese geübt, vedische Opfer ausgeführt und alle guten Eigenschaften der *aryas* erlangt haben. Wenn sie Deinen heiligen Namen lobpreisen, müssen sie in

allen heiligen Flüssen gebadet, die Veden studiert und alle vorgeschriebenen Pflichten erfüllt haben." (*Shrimad Bhagavatam* 3.33.7)

„Der heilige Name Krishnas spendet alles Glück und allen spirituellen Segen, denn er ist Krishna selbst, der Urgrund aller Freude. Krishnas Name ist in sich selbst vollkommen, und er birgt in sich alle spirituellen Beziehungen. Er ist unter keinen Umständen etwas Materielles, und er ist nicht weniger mächtig als Krishna selbst. Dieser Name wird überhaupt nicht von der materiellen Natur berührt, denn er ist mit Krishna identisch." (*Padma Purana* 3.21)

Da das Lobpreisen des Gottesnamens in den Vaishnava-Schriften so nachdrücklich betont wird, widmen die Vaishnavas ihm einen Großteil ihrer spirituellen Praxis. Folglich empfinden sie tiefe Emotionen, ob sie nun den heiligen Namen für sich wiederholen (*japa*), ihn laut singen (*kirtan*) oder ihn in Gruppen singen (*sankirtan*). Auf der fortgeschrittenen Stufe führt solche Praxis zur Bewusstheit des absoluten Wesens Gottes, d.h., es gibt keinen Unterschied mehr zwischen dem *nami* (dem Besitzer des Namens) und dem *nama* (dem Namen). Vertiefung in die absolute Natur Krishnas und Seines Namens ist das Herzstück des Vaishnava-Mystizismus, dessen Ziel Liebe zu Gott ist.

Norvin Hein, emeritierter Professor der Yale University, war Zeuge von enthusiastischen Vaishnava-*kirtans* und schreibt darüber:

*„Beim Singen von Versen wie diesen wird jede Zeile zuerst vom Vorsänger gesungen, dann wiederholt die ganze Versammlung Zeile für Zeile. Während der Vers immer von neuem wiederholt wird, steigert der Vorsänger allmählich das Tempo. Wenn schließlich das höchstmögliche Tempo erreicht ist, singt die gesamte Gruppe gemeinsam aus Leibeskräften die Zeilen und klatscht dazu im Rhythmus der Instrumente in die Hände. Die Sänger wiegen sich in Ekstase und lassen sich immer mehr gehen, wobei sie sich in unbeherrschten Gebärden ergehen und ihre Gesichter erröten. Aus der Gruppe der begleitenden Musikanten schwillt der glockenähnliche Klang kleiner Messingzimbeln mit zunehmender Lautstärke des Gesangs immer mehr an und übertönt noch den Stimmenchor. Schließlich gipfelt der kir*tan *in einem atemberaubenden, explosionsartigen Crescendo: Augen blitzen auf, Münder öffnen sich weit, ein Zittern durchläuft die Versammlung: Die göttliche Kraft und Gegenwart ist zum Greifen nahe!"*[1]

Anmerkungen

1. *Norvin Hein: „Chaitanya's Ecstasies and the Theology of the Name", in* Hinduism: New Essays in the History of Religions, *E.J. Brill, Leiden 1976, S. 22–23.*

হরে কৃষ্ণ হরে কৃষ্ণ কৃষ্ণ কৃষ্ণ হরে হরে
হরে রাম হরে রাম রাম রাম হরে হরে

Das Maha-Mantra

Das Hare-Krishna-*maha-mantra*, der „große Gesang zur Erlösung", wird von den Vaishnava-Schriften als das mächtigste aller Mantren betrachtet, da es die Kraft aller anderen Mantren beinhaltet.

Das *maha-mantra* lautet wie folgt: Hare Krishna, Hare Krishna, Krishna Krishna, Hare Hare/Hare Rama, Hare Rama, Rama Rama, Hare Hare. In der vedischen Literatur wird es insbesondere für das gegenwärtige Zeitalter empfohlen. Diesbezügliche Aussagen findet man im *Brahmanda Purana*, der *Kalisantarana Upanishad* sowie in vielen anderen vedischen und postvedischen Schriften.

Das Mantra besteht aus folgenden Elementen: Das Wort „Hare" bezieht sich auf Shri Hari – ein Name Krishnas, der auf Seine Fähigkeit hinweist, Hindernisse auf dem Pfad Seiner Geweihten aus dem Wege zu räumen. In einem höheren Sinne ist das Wort „Hare" der Vokativ von „Hara", was sich auf Mutter Hara, Shrimati Radharani, bezieht, die göttliche weibliche Energie.

Der Name „Krishna" bedeutet „der Allanziehende" und bezeichnet Gott in Seiner ursprünglichen Gestalt. Etymologisch gesehen weist das Wort *krish* auf den attraktiven Aspekt der Existenz des Herrn hin, und *na* bedeutet spirituelle Freude. Wenn das Verb *krish* mit dem Suffix *na* versehen wird, entsteht das Wort *krishna*, „der absolute Herr, der durch Seine allanziehenden Eigenschaften spirituelle Freude spendet". Nach semantischer Herleitung *(nirukti)* kann die Silbe *na* auch auf die Fähigkeit des Herrn hinweisen, die Wiederholung von Geburt und Tod zu beenden. Ferner ist *krish* ein Synonym für *satta*, „die Gesamtheit allen Daseins". Eine weitere Art, das Wort *krishna* zu verstehen, ist also „der Herr, der das gesamte Dasein verkörpert und der den Lebewesen helfen kann, die wiederholten Leiden von Geburt und Tod zu überwinden".

„Rama" kann sich sowohl auf Balaram (Krishnas älterer Bruder) als auch auf Radha-Ramana-Rama beziehen, einen Namen Krishnas mit der Bedeutung „derjenige, der Shrimati Radharani Freude bereitet". Folglich verkörpert das *maha-mantra*, das ausschließlich aus den vertraulichsten Namen des Herrn zusammengesetzt ist, die Essenz alles Göttlichen. Als Gebet verstanden, bedeutet das Mantra: „O Herr, o göttliche Energie des Herrn! Bitte beschäftigt mich in Eurem Dienst."

Radha und Krishna, das göttliche Paar,
das mit dem maha-mantra *angerufen wird*

Nachwort

Vishnuismus im Westen

Vor fünfhundert Jahren sagte Shri Chaitanya voraus, dass eines Tages in jeder Stadt und jedem Dorf der Welt die Namen Krishnas gesungen würden. Diese Prophezeiung wurde zu Beginn des zwanzigsten Jahrhunderts von Shrila Bhaktivinod Thakur wiederholt. Er sprach von einer Zeit in naher Zukunft, wo Russen, Europäer, Amerikaner, ja Menschen aus aller Welt musizierend und Fahnen schwenkend zur Verherrlichung Krishnas durch die Straßen ziehen und gemeinsam die Namen Haris singen würden.

Es gibt etliche Beispiele, die zeigen, dass im Laufe der Geschichte immer wieder vishnuitisches Gedankengut seinen Weg in den Westen fand. Besonders erwähnenswert unter den Botschaftern des Vishnuismus ist Bhaktivinod selbst, der zur Verwirklichung seiner eigenen Vision beitrug, indem er umfangreiche Werke in englischer Sprache verfasste und einige davon in den Westen sandte.

Zeitgenossen Bhaktivinods waren die so genannten amerikanischen Transzendentalisten, darunter berühmte Schriftsteller wie Emerson und Thoreau. Mit großem Interesse stießen sie auf die Sanskritsprache, die Sprache der Veden, und Gelehrte übersetzten die vorher unzugängli chen Texte Indiens in westliche Sprachen. Als Folge davon erfasste eine Woge tiefen Respekts vor der östlichen Kultur alle Länder westlich des Ganges und schuf die Voraussetzungen für eine Renaissance der Hingabe.

Auf einer im zweiten Jahrhundert v. Chr. in Zentralindien errichteten Säule wurde eine Inschrift gefunden, in der Heliodorus, ein griechischer Botschafter für Indien, sich selbst als „Bhagavat" bezeichnete, d.h. als Verehrer Bhagavans. Mit anderen Worten, er war ein Anhänger der Vaishnava-Religion. Thomas Hopkins, Religionsprofessor am Franklin and Marshall College, kommt zu dem Schluss, dass Heliodorus kaum ein Einzelfall gewesen sein kann, sondern dass es viele andere westliche Anhänger Krishnas gegeben haben muss. Folglich hat die Wechselbeziehung des Vishnuismus mit dem Westen eine lange, bemerkenswerte Geschichte.

Doch erst in unseren Tagen wurde auch das Herzstück der östlichen Kultur in den Westen gebracht. Dies geschah ganz allmählich. Vielleicht als Folge der frühen „Transzendentalisten" gilt seit Ende des neunzehnten Jahrhunderts buddhistisches und hinduistisches Gedankengut im gesamten Abendland als exotische Kuriosität und gehört in gewissen Kreisen zum guten Ton. Doch bis heute handelt es sich bei den im

Westen kursierenden Ausformungen jener Religionen um geistige Surrogate, verzerrt durch Ideen des so genannten „New Age".

Anerkannte Schriftsteller wie Donald Lopez und Huston Smith beklagen, dass westliche Zweige des Buddhismus und Hinduismus zahlreiche traditionelle Werte und Bräuche zugunsten angepasster Techniken und einer verwässerten spirituellen Lebensweise aufgegeben haben. Demzufolge sollten der Buddhismus und der Hinduismus des Westens nach Auffassung von Religionswissenschaftlern als unabhängige, neue Religionen eingestuft werden. Für die orthodoxen Anhänger der traditionellen Pfade haben die westlichen Formen des Hindu-Yoga und der buddhistischen Gesänge kaum noch etwas mit ihren ursprünglichen Wurzeln gemein.

Obwohl das wissenschaftliche Studium des Vishnuismus heutzutage so verbreitet ist wie nie zuvor, kommt kaum ein Student über eine theoretische Betrachtungsweise hinaus, ganz zu schweigen davon, dass jemand ein Geweihter Krishnas würde. Zwar sind hin und wieder Vertreter verschiedener Vaishnava-Traditionen in den Westen gekommen, doch kaum einer dieser verwegenen Sadhus hat bleibende Spuren hinterlassen können. Shrila Bhaktisiddhanta Sarasvati Thakur, der Guru von His Divine Grace A. C. Bhaktivedanta Swami Prabhupada, hat in den dreißiger Jahren einige seiner Schüler nach Amerika und Europa geschickt, doch auch er musste erkennen, dass seine Anhänger überfordert waren und dass die Zeit noch nicht reif war.

Diese Lage sollte sich auf einen Schlag ändern, als im Jahre 1965 die wirkungsvollste und nachhaltigste Präsenz des Vishnuismus im Westen etabliert wurde, und zwar durch His Divine Grace A. C. Bhaktivedanta Swami Prabhupada. Ihm gelang etwas, was niemand zuvor geschafft hatte: Er verpflanzte die Vaishnava-Kultur in ihrer Gesamtheit in die Herzen der Menschen der westlichen Welt und verschaffte der Tradition sogar im Osten neuen Auftrieb. Er tat dies, indem er selbst reine Hingabe verkörperte und eine beispiellose Gelehrtheit an den Tag legte. Ferner gestattete ihm sein ausgeprägtes Mitleid, Menschen in aller Welt zu erreichen: Männer, Frauen wie auch Kinder. Seine Mission blüht nach wie vor weltweit in Form von Tempeln, Farmgemeinschaften, Schulen, Restaurants und Verlagshäusern.

Der Einfluss von Heliodorus und ähnlichen Bhaktas der Antike ist heute fast völlig verblasst. Die Dichtungen der Transzendentalisten und ihrer Schüler waren nur ein schwaches Derivat der wahren vedischen Kultur, und auch die frühen missionarischen Aktivitäten vereinzelter Vaishnavas zeigten kaum Wirkung. Shrila Prabhupada hingegen ist das Unmögliche gelungen. Ihm ist es zu verdanken, dass Shri Chaitanyas Prophezeiung eine bleibende Realität geworden ist.

Produktionsstab und Urheberrechte

Projektleitung: Brahma Muhurta Das
Übersetzung aus dem Amerikanischen: Helmut Kunkel
Produktion: Kanjalochana Das
Gestaltung: Ian Szymkowiak (Palace Press International)
Mitgestaltung: Chris Bryant, Alan Hebel (Palace Press)
Erstgestaltung und Bildrecherchen: Barbara Berasi-Rosen
Druckvorbereitung und zusätzliches Layout: Govinda Cordua, Raghu Consbruck
Weitere Bildrecherchen: Nagaraj Das, Tridham Das, Yamaraj Das

Abkürzungen: **U** unten; **M** Mitte; **O** oben; **L** links; **R** rechts

Fotografen des Bhaktivedanta Book Trust: Bhargava Das, Govinda Das, Murlivadana Das, Nitya-tripta Dasi, Vishakha Dasi, Yadubar Das, Yamaraj Das.

Künstler des Bhaktivedanta Book Trust: Baradraj Das, Charuhasa Das, Devahuti Dasi, Dhriti Dasi, Dinabandhu Das, Dirgha Dasi, Jadurani Dasi, Jagat Karana Dasi, Janmanalaya Das, Jaya Rama Das, Murlidhar Das, Pandu Das, Parikshit Das, Pushkar Das, Ramanath Das, Ramdas Abhiram Das, Ranchor Das, Sulakshmana Dasi, Vajra Lakshmi Dasi.

Der Verlag dankt den folgenden Fotografen, Malern und Organisationen für ihre freundliche Genehmigung, ihre Bilder in diesem Buch abdrucken zu dürfen:

Angelo F. Dinoto (Amritamsa Das) (www.starprojectdesign.com/dinotosite/dinoto.html), für seine Fotos auf dem Umschlag und den Seiten: 3, 4O, 5UL, 8U, 8L, 9UR, 10L, 11O, 11UL, 32L, 33OR, 104, 120L, 130, 131, 134L, 134OR, 146O, 146M, 153, 169, 174, 175, 184OL, (© Mandala Publishing)

Indra Sharma, für seine Gemälde auf den Seiten: 20M, 25OR, 36L, 37, 50U, 54, 55M, 55UR, 64L, 76L, 77, 126U, 147U (© Mandala Publishing)

B. G. Sharma, für seine Gemälde auf den Seiten: 26L, 27U, 28U, 79O (© Mandala Publishing)

Mandala Archive, für die Fotos auf den Seiten: 113U, 115UL, 168L (© Mandala Publishing)

Helmut Kappel, für seine Fotos auf den Seiten: 67UR, 170OM, 171UR

Es wurden alle Anstrengungen unternommen, die Inhaber der Urheberrechte ausfindig zu machen. Sollte uns jedoch dabei jemand entgangen sein, sind wir gern bereit, sie / ihn in künftigen Ausgaben zu erwähnen.

Der Autor

Im Jahre 1975 empfing **Steven J. Rosen** von His Divine Grace A. C. Bhaktivedanta Swami Prabhupada, einem herausragenden Lehrer der esoterischen Gaudiya-Vaishnava-Tradition, die spirituelle Einweihung. Prabhupada gab Rosen den Namen Satyaraj Das, was so viel bedeutet wie „Diener des Königs der Wahrheit". Auf der Suche nach jener Wahrheit hat Rosen 20 Bücher über ostindische Spiritualität verfasst und hat in den letzten zehn Jahren die Redaktion des Journal of Vaishnava Studies geleitet. Seine neuesten Werke sind *Gita on the Green: The Mystical Tradition Behind Bagger Vance* (Continuum International, New York 2002), *Holy War: Violence and Bhagavad Gita* (Deepak Heritage Books, Virginia 2002) und *From Nothingness to Personhood: A Collection of Essays on Buddhism from a Vaishnava-Hindu Perspective* (FOLK Books, New York 2003).